ルール[?]本

創造的に生きるためのデザイン

著

菅 俊一　田中みゆき　水野 祐

フィルムアート社

目　次

第Ⅰ部　入門編　　菅俊一・田中みゆき・水野祐

1　なぜルールは必要なのか……018

2　道具としてのルール……038

3　ルールと創造性……064

〈TEXT〉

執筆分担:S=菅俊一
　　　　T=田中みゆき
　　　　M=水野祐

第Ⅰ部　入門編イラスト:荒牧悠

まえがき

この本は、創造的に生きるためのルールのデザインを扱った
ガイドブックです。

ルールと創造的に生きることにどう関係があるのか、
疑問に思う人もいるかもしれません。

私たちの身の回りにあるモノやサービスの背景には
さまざまなルールがあり、それらの影響を受けています。
また、ルールは私たちの行動やふるまいを規定しています。
あなたの生活の中で、ルールは厄介な存在でしょうか？
それとも、好ましい存在でしょうか？

2021年7月から11月まで、六本木にあるデザインの展示施設である
21_21 DESGIN SIGHTにおいて、「ルール？展」というルールに関する
少し変わった展覧会が開催されました。

同展覧会には、次のような文章が掲示されていました。

ルールは、あなたを縛るものではなく、
あなたがこの社会で自由に生きるために存在します。

人生をゲームと捉えれば、
ルールは、ゲームを明確にするための手段であり、
他人とゲームを共有する共通言語になります。

私たちは日々、朝起きてから寝るまで、家を出発する、電車に乗る、
誰かと待ち合わせをする、買い物をするなど、さまざまなゲームを
クリアしていることになります。

一方で、人生はゲームと割り切るには複雑で、
しかもそのプロセスやエンディング、「クリア」の定義、
クリアするかしないかも、人それぞれです。
おのずと、そこにおけるルールも、ゲームのそれとは違ってきます。

（「ルール？展」会場内に掲示されたパネルより）

ここに書かれているように、ルール自体は、

私たちの捉え方や使い方次第で、

人を縛るものにも、自由を与えるものにもなるのです。

今日、デザインの意味は多義的になり、ルールをつくったり、
使ったり、見直したり、更新したりすることも、
デザインの範疇に含まれると考えられます。
この本は、同展覧会で展示した内容だけでなく、
展覧会ディレクターであった3人が、「ルール？展」をつくる過程で
悩み考えたこと、展覧会が行われた期間に起こったさまざまな
反応から学んだこと、終わった後にさらに考えるべきだったと
気づいたことも多く含まれています。
それらのルールをめぐる思考と実践を引き継ぐとともに、
展覧会という形式では紹介しきれなかった事例を併せて
編み直したのが、本書です。

それを踏まえ、この本では、
デザインによってルールに対する見方を変えたり、
逆にルールをデザインすることによって、
物事や社会に働きかけたりすることを読者の皆さんとともに
考えたいと思っています。

そのために、身の回りにどのようなルールがあり、
他者や社会とのコミュニケーションのなかで、
どのような過程を経てルールが現在の姿となっているのか、
それ以外のあり方にはどのような可能性があるのかを
さまざまな事例や作品を通して考えていきます。

ままならない現実と折り合いをつけながら、
一人ひとりが自由に生きていくことができるようにルールを
つくり変えていくことを、ルールと創造的に付き合うことだと
私たちは考えています。
私たち一人ひとりがそのようにルールと創造的に付き合うことができ
れば、それは社会をつくり変えていくことにもつながるでしょう。

ルールという視点から、あなたにとって生きやすい社会が
他の人にとっても生きやすい社会になるような未来を
どのように共につくることができるのか、本書を通して一緒に考え、
できることから実践してみましょう。

これもルールかもしれない

01 地下鉄駅の標識に関するルール

都営地下鉄「大江戸線」の駅入口を示す標識だが、大江戸線は東京都が運営する地方公営企業なので、東京都地方公営企業の設置等に関する条例および東京都公営企業組織条例に基づき、運営が行われている。なお、東京で地下鉄を運営するもうひとつの法人「東京メトロ（正式名称は、東京地下鉄株式会社）」は、東京地下鉄株式会社法という法律に基づき設立された特殊法人で、その株式は政府と東京都が50%ずつ保有している。

02 歩道における自転車の交通に関するルール

道路交通法上、自転車は軽車両と位置付けられており、歩道と道路の区別のある道路においては、車道通行をすることが原則である。ただし例外的に、「自転車通行可」の道路標識がある場合や、運転者が13歳未満か70歳以上の場合などには、自転車で歩道通行することができる。歩道に自転車レーンが設けられている場合でも、歩道である以上、歩行者優先となり、自転車の運転者は歩行者に注意して運転しなければならない。

03 消火栓標識に関するルール

消火栓標識は、消防隊員が消火栓の位置を早く見つけるため、また、消火栓の近くに駐車されたり、物を置かれたりするのを防止するために置かれている。道路交通法第45条1項でも、消火栓の標識から5m以内を駐車禁止場所として保護している。消火栓標識の下には消火栓広告が掲示できることになっており、この広告料で標識を維持管理する民活方式のモデルが採用されている。これは、道路占用、道路使用および 屋外広告物などのすべての許可を得た、公道上に掲出できる数少ない広告のひとつとなっている。

04 騒音に関するルール

騒音は、騒音規制法や各自治体が定める環境確保条例により、住居専用地域、商業地域といった用途地域ごとの日常生活における基準値、建設工事に関する基準値、自動車騒音に係る許容限度、深夜騒音等の規制基準が定められている。高速道路の騒音については、騒音規制法に基づき、指定地域内における自動車騒音の限度としてルールが定められている。

05 案内地図に関するルール

道路法、標識令および道路標識設置基準により、高齢者や身体障害者等が迷うことなく目的地に到達できるように案内地図（標識）を設置することおよび、設置位置や高さ、地図のデザイン、文字の書体・フォント等について「望

ましい」基準が規定されている。ここでは道路管理者である自治体が、案内地図を見つけやすいように歩行動線に対し対面視できる「iマーク」のサインを設置したり、表示内容が見やすく落書き、貼り紙が難しい材質とするなどの工夫を行っている。

06　車両に関するルール

車両の幅、長さ、重量等の制限については、道路法（および車両制限令）のほかに、道路交通法（および道路交通法施行令）、道路運送車両法（および道路運送車両の保安基準）においても、ルールが定められている。速度制限を含む車両の交通方法については、道路交通法に規定されており、自動車の左側通行についても同法に規定されている。

07　タクシーの行灯に関するルール

タクシーの行灯、正式には「社名表示灯」は、防犯やいわゆる「白タク」との区別を理由に、国土交通省からの通達で取り付けることが求められている（法律上の義務ではない）。行灯は、企業グループごとに異なるデザインが採用されるが、個人タクシーの場合には所属する連合会の行灯を付けるのが一般的である。なお、タクシーに関するルールは道路運送法や旅客自動車運送事業運輸規則等で定められている。

08　工事現場に関するルール

工事による安全対策と万一の場合の工作物責任のために、私有地の所有権に基づき表示がなされている。また、建設業における労働者の安全対策として、労働安全衛生法により、各種安全対策が求められている。

09　郵便ポストに関するルール

イギリスの郵便制度を輸入したという歴史的な経緯から、日本の郵便ポストの色は慣習的に赤色を採用している。だが、法的には何色でもかまわず、実際、景観に配慮して灰色や青色になっている例もある。郵便ポストの設置は、郵便法により、日本郵便株式会社または同社の承認を得た者が行うと規定されている。

10　マスクに関するルール

2020年からの新型コロナウイルス感染拡大を受け、公の場でのマスクの着用が慣習となった。海外では義務化する国もあるが2021年6月現在までに日本では義務化されず、掲示やアナウンスによるお願いが中心となっている。ただし一部では施設などへの立入りやイベントなどの参加にあたって契約によりマスク着用を義務付ける例も見られる。自治体によっては条例化する動きもあるが、罰則などを伴うものではない。

11 腕を組むことに関するルール

手をつないで歩くか、腕を組んで歩くかなど、親密さの度合いによって、他者との距離（パーソナル・スペース）を知らず知らずの内に判断しているのではないだろうか。

---

12 服装に関するルール

スーツや革靴を着ているサラリーマン風のグループ。私たちは仕事や社会的立場、季節、性別に応じ、一定のルールにしたがって服装の形態や色を選択して着ることがある。

---

13 自転車の装備等に関するルール

各都道府県が定める道路交通法施行規則では、自転車の装備として、ライト（前照灯と尾灯）、ベル（警音器）を備え付けることが義務付けられている。また、原則として自転車の定員は1名とされているが、16歳以上の運転者が小学校に入るまでの者を乗せる場合に限り、一部例外が認められている。また、傘さし運転、携帯電話を使用しながらの運転は禁止されている。

---

14 自転車の駐輪に関するルール

公道における自転車の交通ルールは道路交通法に規定されているが、駐輪については特別な規定は存在していない。ただし、交通マナーや盗難防止等の観点から道路の隅、ガードレールなど鍵が取り付けやすい場所に駐輪され、1台駐輪するとその周辺に集中する傾向がある。放置自転車については、自転車法（自転車の安全利用の促進及び自転車などの駐車対策の総合的推進に関する法律）とそれに基づいて制定された条例により、警告後、撤去等の処分がなされる。

---

15 横断歩道に関するルール

道路交通法上、横断歩道においては歩行者優先の原則が規定されている。たとえば、信号機のない横断歩道において、横断しようとしている歩行者がいる場合には、横断歩道の直前で一時停止し、その通行を妨げないようにしなければならないと規定されている。

---

16 歩道の植栽に関するルール

道路構造令（道路法の政令）に基づく道路緑化技術基準（通達）、都市計画法に基づく緑化地域決定、都市緑地法や条例に基づく緑化計画などにより、道路の種類によって植栽の幅員や形態が定められている。

---

17 歩道の幅に関するルール

道路法に基づき定められている道路構造令では、歩道の幅員は車椅子2台がすれ違いできる2m以上、歩行者の交通量が多い歩道では3.5m以上としている。自転車歩行者道については、車

椅子2台と自転車1台がすれ違いできる3m以上、歩行者の交通量が多い道路では4m以上とされている。

18　アンテナに関するルール

アンテナ（受信設備）については、電波法に基づき技術基準が定められているが、設置に関するルールに特段の定めはない。建築基準法では、施行令において「高さに算入されない屋上突出物」として扱われるため、小型のアンテナ等は高さ制限に含まれない。ただし、景観法・景観条例で設置が規制されている場合がある。

19　建築物と道路の位置に関する　　ルール

建築基準法に基づき、接面道路の種類によって、敷地の後退（セットバック）の有無などが決められている。また、同じく建築基準法に基づく道路斜線制限により、道路境界線から後退して建物が建てられることがある。

20　洗濯物に関するルール

自治体が定める景観条例やマンション管理組合が定める規約・自主ルールによっては、景観を損なわないようにベランダの内側に物干し竿が設置されていたり、バルコニーに洗濯物を干すこと自体を禁止していたりする場合がある。

21　駐車場に関するルール

一般的な日本の路外駐車場のサイズや規格、表示といった構成要素は、法律に特に規定はないが、ほぼ同じである。国産自動車はもちろん、海外の自動車も日本の駐車場のサイズに合わせた規格を用意することもある。なお、駐車場法では、500㎡以上の路外駐車場に対してその構造・設備についての技術的基準を規定しており、駐車料金を徴収する場合には自治体に届出が必要になる。

22　海抜表示に関するルール

東京メトロ・都営地下鉄では、利用者に対して日頃から水害発生時の行動を意識してもらうために、駅出入口の海抜表示を自主的に行っている。

23　コンビニエンスストアの色彩に　　関するルール

看板の色彩構成とのぼり旗の組み合わせによって、わずかに写っているだけでもコンビニと認識できる。自治体が定める屋外広告条例や景観条例によっては、コンビニの看板の色のトーンも例外的に街に馴染む色が使われている。

24　学校での髪型に関するルール

各学校ごとに、ある一定の長さで髪を束ねるよう生活指導で定められている場合がある。

25　ランドセルや通学帽に関する
　　　ルール

ランドセルは転倒したときのクッションになるため、使用が推奨されている。形や色は各学校で指定されている場合とされていない場合がある。ランドセルカバーについては、交通安全対策として（特に低学年生は）目立つ黄色いカバーをかけるよう各学校で指導していることが多い。通学帽についても、交通安全対策として各学校で指導していることが多い。

26　カバンの掛け方に関するルール

私たちはカバンを左右どちらに掛けるかを利き腕や荷物の量、種類など、いくつかの要素の関係によって、無意識のうちに決めているのではないだろうか。

27　歩くときの並び方に関するルール

小学生二人と保護者が横に並んで歩いているため歩道を占拠しているが、横に広がってはいけないという法律や条例はなく、歩行者同士の配慮に委ねられている。

28　マイバッグに関するルール

2020年7月1日から始まったプラスチック製買物袋の有料化によって、多くの人がマイバッグを持ち歩くようになった。これは容器包装リサイクル法

の省令の改正という形を採っている。事業者による排出抑制促進の枠組みを活かしつつ、プラスチック製買物袋についてはその排出抑制の手段としての有料化を必須とする旨を規定している。

第I部　入門編

なぜルールは必要なのか

■ 身近にあふれるルール

　私たちの生活の中には、さまざまなルールが存在しています。たとえば、コンビニやスーパーで買い物をする、電車に乗る、といった際には、商品やサービスとお金を交換するというルールがあります。それは、商品やサービスを提供する側と利用者の（しばしば暗黙の）合意に基づいて実行されています。また、日常生活においても、家庭の他に学校や会社といった環境や状況に応じたさまざまなルールが存在しています。

　たとえば、コンビニエンスストアで買い物をするときのことを思い出してみると、単に支払い方法だけでも、非常に多くの方法があることがレジの前には明示されています。そして、クレジットカードでの支払いを選択すれば、カードをかざしたり、暗証番号を入力するなど

した後に決済が承認され、スマートフォンによるQRコード決済を選択すれば、画面にQRコードを表示してレジのバーコードリーダーで読み取ることで決済が行われます。もちろん現金での支払いもありますが、単に「お金を払う」という日常的なシーンの中でもさまざまな方法があり、それぞれ特有のルールによって支払いが行われています。

　逆に言えば、このようなルールに則らないと支払いができないということでもあります。筆者の一人である菅は、普段美術大学で教鞭を取っていますが、先日もこの支払いのルールに関わる出来事を経験しました。大学内では食堂や画材店、自動販売機、最近ではワゴンカーによる弁当販売など、さまざまな買い物の機会があるのですが、実は食堂の券売機やワゴンカー、パンやお菓子が購入できる自動販売機では、現金しか使えません。最近の電子マネーの普及から、日常の支払いに現金を全く使用しなくなっていた私は、クレジットカードも持っていて電子マネーのチャージの金額も十分にあるにも関わらず、キャンパスの中で何も食べ物を買うことができないという事態に直面することになりました。現金払いというルールだけで成立する世界においては、いくらその他の支払い手法を潤沢に持っていたとしても、全く意味がなかったわけです。

　ちなみに大学では現金を持っていても、食堂の券売機では新しい500円硬貨が対応していなかったり、1万円札しか持っていなかったため投入できず買えないことがあったりなど、いくつかの問題にも遭遇しています。つまり券売機のルールは「現金が使用可能」ではなく「券売機に投入可能な硬貨や紙幣だけが使用可能」だったわけです。

「お金を払う」という状況だけ見ても、このようにさまざまなルールに私たちの行動は縛られています。

　そしてひとたび自宅から外に出て街を歩けば、駐車禁止、ポイ捨て禁止などさまざまな禁止や注意を促す文字があふれていますし、さまざまな店舗で売られている商品を手に取ってみれば、一つひとつのパッケージには、取り扱いに関する注意事項やゴミの捨て方をはじめとした「正しい扱い方」が小さな文字で所狭しと書かれています。禁止や注意を表しているのは何も文字だけではなく、駅に行くと音声によって列車の到着状況を示すアナウンスが流れ、それとセットで駅員による駆け込み乗車を避けるように促す注意喚起があり、トイレに行くとそのトイレが男性用か女性用かを教えてくれるアナウンスも聞こえてきます。

　たった数分街を歩いただけで、私たちはたくさんのルールに出会うことができます。日々生活を送るうえでルールのことを全く考えずに済ませることは不可能で、ルールと無縁では生きられないことがわかります。

　ルールがあるのは他者との接触がある場合のみではありません。スマートフォンのアプリを使うとき、皆さんも「利用規約やプライバシーポリシーに同意する」というボタンを押した経験があると思います。この場合でも、アプリを提供する事業者とあなたとの間の関係は利用規約という名前の契約（ルール）で結ばれています。この利用規約やプライバシーポリシーらはインターネット時代の契約書であり、

同意ボタンを押した時点で、アプリの事業者とあなたとの間で契約というルールが成立したことになります。

　一方、ルールが明文化／可視化されることなく、現象としてその場でルールが発生する事例もあります。たとえば、行列のルールがそれにあたるでしょう。スーパーのレジや人気のある飲食店の前など、私たちは日々さまざまな場所で順番を待つために行列をつくることがあります。並ぶ際のルール（どの位置にどのように列を形成するのか）は、店舗など運営側が明確に指定し、並ぶ側は粛々とそれに従っていく場合が多いでしょう。一方で、行列の長さが長くなり過ぎたり、並ぶ側にルールが委ねられている場合、さまざまな国や文化の人たちが混在する場合などは、その行列のルールが共有されなくなったり、そもそもルールが成立しないという現象も発生します。

　日本人は行列をつくるのが得意と言えるでしょう。明確に並び方が指示されていない場合でも、効率よく美しい行列をつくる様子は街のあちこちで見られます。それは、周囲との調和や「空気」を読む国民性、文化の同質性ゆえに成立する極めて稀な現象と言えるかもしれません。欧米だと、大抵の場合、行列は行列の体をなしておらず、何となく先頭と思われる場所にあらゆる方向から人が集まることがし

ばしば起こります。そしていつの間にかなし崩し的に先頭が変わった
り、カオスな状態が発生するわけです。それは、そもそも行列に対す
る意識やふるまいが異なることによるものです。

　本書では、さまざまなルールの在り方や考え方を紹介しながら、皆
さんが自分なりのやり方でルールを「つくる」「使う」「見直す」「更新
する」ことで、主体的に、できれば創造的に生きていくためのヒント
を提供することを目指しています。筆者らは、私たちが創造的に生き
ていくため、そして私たちの社会をアップデートしていくためのひと
つのアプローチとして、ルールのデザインがあるのではないかと考え
ています。
　しかし、ルールそのもののデザインをしていくためには、前述のよ
うにこの本が示すルールが扱おうとしている前提条件や影響範囲につ
いても考慮していく必要があります。ルールが私たちの思考や行動、
ひいては生活や社会に深く関係している以上、人や私たちの生活や社
会への深い洞察や共感など、目に見えないものへの想像力を発揮させ
ることが求められているのです。

■　この本で扱う「ルール」の範囲
　本書では、私たちの社会とそこで発生している問題・課題、そして
それらを解決するために用いられるルールと、そのルールに潜在する
可能性や創造性について考えていきます。たとえば、法律や条例と
いった法的強制力のあるものだけでなく、さまざまな会社や学校など

の組織やコミュニティによって設定された規則やガイドライン、社会の中に明文化されずに存在している文化的背景に基づいた慣習、規範やマナー、そして当事者間の契約・合意・約束事、家族や個人によって日々無意識に行われている習慣、何かを実行しようとする際に設定される制約や条件、また、人がつくった人工物としてのルールだけではなく、自然環境の中に見られる自然法則まで、多岐に渡るルールを扱っていきます。

　また、ここまでの話から、ルールは複数の人間による社会的な関係を前提としてつくる・使うものであると考えられるかもしれませんが、私たちの日常を振り返ると、心地よく生活するため、あるいは自分の成長のためといった理由で、自分自身においても多くのルールを活用していることに気づきます。たとえば、毎朝7時に起床する、昼寝をとる、食事の際にはタンパク質を多めに摂取するようにする、1日1万歩歩く等、私たちはさまざまな習慣やマイルールをつくり、実行しています。このような、習慣やマイルールといった自分だけに機能するルールも、本書が扱うルールのひとつです。つまり、ルールは本来、それが他者と折り合いをつけていくためのものであれ、自分ひとりに向けたものであれ、私たち一人ひとりがこの社会でより生きやすくなるためにつくられ、運用されるものと言えます。こう考えると、ルールのイメージが少し違ってくるでしょうか？

　さらに、近年の重要な課題として「アクセシビリティ」の問題があります。ルールやその運用は、平均的な人間像を前提としてつくられているため、その像から外れた人の存在は、これまであまり考慮され

ルール曼荼羅 (2024.ver)

本書で扱うルールのサイクルを図示してみたもの
です。実際には、各フェーズは複雑に絡み合って
いるものですが、皆さんの身の回りにあるルール
がどのあたりに位置づけられるのか、配置されて
いるキーワードも参照しながら考えてみましょう。

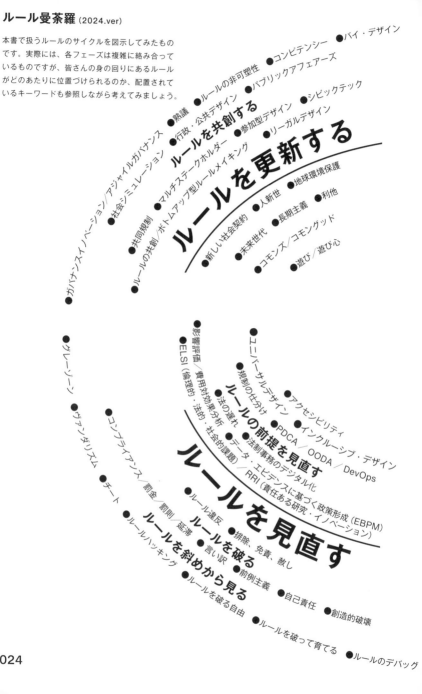

● コンピテンシー   ● バイ・デザイン
● ルールの非可塑性   ● パブリックアフェアーズ
● 熟議 ● 公共デザイン   ● シビックテック
● 行政・公共デザイン   ● 参加型デザイン   ● リーガルデザイン
ルールを共創する
● マルチステークホルダー
● 社会シミュレーション   ● ボトムアップ型ルールメイキング
● ガバナンス・イノベーション／アジャイルガバナンス
● 共同規制   ● ルールの共創

ルールを更新する

● 新しい社会契約   ● 人新世   ● 地球環境保護
● 未来世代   ● 長期主義   ● 利他
● コモンズ／コモングッド   ● 遊び／遊び心

● 影響評価
● ELSI（倫理的・法的・社会的課題）
● 費用対効果分析
● ユニバーサルデザイン
● 規制の仕分け   ● アクセシビリティ
ルールの前提を見直す
● 法の遅れ   ● PDCA／OODA   ● インクルーシブ・デザイン
● 法制事務のデジタル化   ● データ・エビデンスに基づく政策形成（EBPM）   ／DevOps
／RRI（責任ある研究・イノベーション）

● グレーゾーン

ルールを見直す

● ヴァナンダリズム
● コンプライアンス
● チート   ● 罰金／罰則／延滞
● ルール違反   ● 排除、免責、赦し
ルールを破る   ● 前例主義
● ルールハッキング   ● 言い訳
ルールを斜めから見る   ● 自己責任
● ルールを破る自由   ● 創造的破壊
● ルールを破って育てる   ● ルールのデバッグ

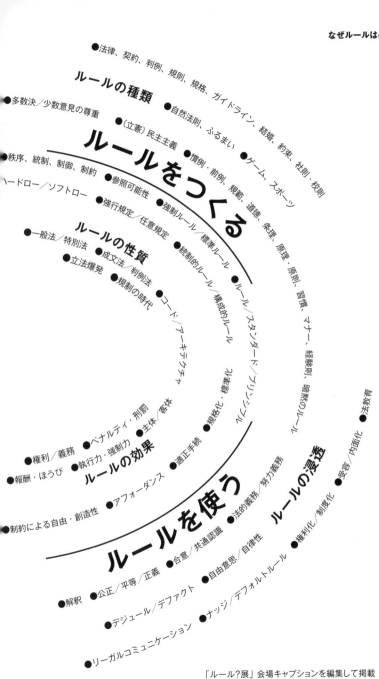

●法律、契約、判例、規則、規格、ガイドライン、結婚、約束、社則・校則

ルールの種類　　　●自然法則、ふるまい　●ゲーム、スポーツ

●多数決／少数意見の尊重

●（立憲）民主主義　●慣例・前例、規範、道徳、条理、原理・原則、習慣、マナー、経験則、暗黙のルール、法教育

ルールをつくる

●秩序、統制、制御、制約

●参照可能性

ハードロー／ソフトロー

●強行規定／任意規定　●強制ルール／標準ルール

ルールの性質

●一般法／特別法　●成文法／判例法

●立法爆発

●規制の時代

●統制的ルール／構成的ルール

●ルール／スタンダード／プリンシプル

●コード／アーキテクチャ

●規格化・標準化

●権利／義務　●ペナルティ・刑罰　●主体／客体

●報酬・ほうび　●執行力・強制力　**ルールの効果**

●適正手続

●アフォーダンス

ルールを使う

●制約による自由・創造性

●解釈　●公正／平等／正義　●合意／共通認識　●法的義務／努力義務　**ルールの浸透**

●自由意思／自律性　●権利化／制度化　●受容／内面化

●デジュール／デファクト

●リーガルコミュニケーション　●ナッシュ／デフォルトルール

ず、取りこぼされてきました。最近たびたびニュースでも取り上げられる車椅子用のスロープや目が見えない人に視覚情報を提供するオーディオディスクリプションなどのアクセシビリティは、すべての商品やサービスがあらゆる人を対象にあらかじめ設計され実装されているならば、本来不要なものです。ベビーカーを押すようになって初めて車椅子ユーザーの困難がわかるようになる人が多くいるように、いわゆる"健常者"という限定的な心身状態を前提につくられた社会は、そこに当てはまらない人を無意識のうちに排除しています。つまり、広く使われているルールも、前提条件自体が限定的である可能性があるのです。それと同時に、最近叫ばれているジェンダー格差や貧困の問題など、社会構造が抑圧や同調圧力を生み、ルールが形式上はあったとしても、実際には特定の層にしか利用されていない、という事例も少なくありません。ルールがあるから思考停止してしまうという状況についても、目を向けてもらえるきっかけになればと思います。[図1]

図1 柱によってスペースが圧迫され、車椅子やベビーカーが通りづらい地下鉄のホーム

■ 拠り所としてのルール

　では、そもそもなぜルールは必要なのでしょうか？　身近なところから振り返ってみると、私たちの社会は、あらゆる場面においてさまざまな役割を担う多くの人が支え合うことによって、はじめて成立していると言

えます。たとえば、今あなたが手にしているこの本は、著者が書いた原稿が編集者によって編集され、校閲を経て、デザイナーによってデザインされたデータが印刷所で印刷され、製本されて本となり、各書店が出版社に注文し、倉庫から輸送・納品され、書店員が書店の棚に並べたりオンラインに上がることで、皆さんの目に留まり購入された結果、目の前に存在しています。このように、ひとつのものが生み出され手に届くまで、非常に多くの人が関わっています。先ほどは省略しましたが、さらにそれぞれの人が働いているオフィスやそれらを支えるインフラ、原材料などに関わる人や組織なども含めると、目には見えないさらに多くの存在が関与していることになるわけです。

　生活という視点からも、全く同じことが言えます。たとえ単身者だとしても、その生活はたった一人だけでは成立することはなく、生活を支える電気や水道などさまざまなインフラの整備や、日々の食材や生活用品の販売・生産には、多くの人が関わっています。たとえ「今日誰とも会ってないし話してもいない」という人でも、必ず見知らぬ誰かのはたらきによってその生活は成り立っているのです。

　私たち人類は、これまで社会を成立させるために、ひとつの指標としてルールをつくることで、それぞれの意思を擦り合わせながら、寄り添い、協力し合うことに取り組んできました。もしルールがなければ、そこには意思を擦り合わせるための基盤がないので、擦り合わせではなく闘争によって、強者のみが優位に立ち続ける混沌とした社会になってしまうはずです。しかし、あらゆる人の命や人間としての最低限の生活は守られなければなりません。そういったわけで、水や電

気といった生きるために必要なインフラは早い者勝ちではなく、誰もが享受できるような仕組みになっていたり、刑法というルールがあることで、私たちは道を歩いているときに突然殴られたりすることを考えずに行動できるように守られています。つまり、ルールがあることで、多くの人が安心して、自由に生きることが可能になっているのです。

■ **ルールは問題から生まれる**

このように、さまざまな背景や欲望を持った複数の

COLUMN　"健常"とされる人は、自分一人でできないことに対して多くの手段を持っています。たとえば、建物の二階に上がる場合、健常者はエレベーター、エスカレーター、階段という方法があります。しかし階段に上ることが身体的に難しければ、エレベーターあるいはエスカレーターしか選択肢はありませんし、車椅子など体を補助する道具がエスカレーターに収まらなければ、エレベーターしか選択肢がないわけです。つまり、社会生活を送るにあたって選択肢がどれくらいあるかどうかは、その人が社会で普通に暮らせる度合いを左右する大きな要因になっています。身体的／感覚的違いだけでなく、性別、育った環境、教育、経済状況など、さまざまな背景によって、マジョリティとは異なる人たちがいます。彼らはマジョリティよりも、社会のルールが自分たちに向けてデザインされていないと感じる場面により多く遭遇しています。それは、ルールがマジョリティによってつくられてきたからです。

人がともに存在したり、何かをしようとする際に起こり得る問題を擦り合わせる拠り所としてルールが形成されてきたとすると、当たり前のことですが、私たちの社会にあるさまざまなルールの前には、それができるまでの間、社会に発生していた解決すべき問題がすでに存在していたことになります。そのように考えると、ルールに気づいたり、

＊1　巻末の「資料1 コロナ関連記事抜き出し」を参照 [→302頁]。2020年1月14日〜2021年7月2日までの限定的な期間の資料ではありますが、国の対策のルールの変遷がよく表れています。

ルールを知ったりすることは、これまで私たちの社会で発生してきた問題がどのようなものであるか、またその問題を秩序や統制という視点でどう解決しようとしているのかを知ることにつながります。

　一方で、本来問題を解決するためにつくられたルールを実行することで、全く予期しなかった新たな問題が生まれてしまうこともあります。たとえば、新型コロナウイルスは、私たちにとって効果や意味が未知数のルールが私たちの生活に直接影響を及ぼすものとして生み出され、社会で実施され、定着したり変容したりなくなったりしていく過程を実際に目撃する機会を生み出しました [＊1]。「ソーシャル・ディスタンス」や「リモートワーク」という新たなルールは街の景色を変え、飲食店の営業時間短縮やイベントの人数制限など、不確かな根拠で決定されたかと思えば短期間で覆されるルールに、振り回された人も少なくなかったでしょう。また、多くの人が一様に行動を制限され、自分だけでなく他人を守るためにルールを守るという、これまであまりなかった状況を強制的に体験してきました。一方で、それは私たちに毎日会社に出社するという働き方や、

人との付き合い方、人生観など、既存の価値観や生活・思考様式を再考させ、これまで見過ごされてきた社会構造による問題や個人のウェルビーイングに目を向けさせることにもつながりました。それはまさに、大きな問題についてさまざまな側面からルールが生み出され、ひとつのルールを実行することが他人の利益や欲望と矛盾したり、その犠牲が可視化されたり、さらに別の問題が現れてしまう可能性を明るみにしました。

　つまり、ルールと問題をめぐる関係は常に無限ループの中にいるため、ルールを一度つくったらその問題は完全に解決されたということはなく、ルールを実行することで刻々と変化する状況を常に観測しながらアップデートすることを前提とする必要があるのです。問題や課題が複雑化している現代社会においては、一回で完璧なルールをつくることは不可能であり、よりそのように考える必要があります。また、ひとつのルールをめぐる状況は、一人の人間が見える範囲あるいはその人が持つ規範で語ることができるわけではありません。そのため、さまざまな背景や専門分野の人たちが知見を持ち寄り、多面的に議論を進めていく必要があります。

■　暗黙のルール

　ルールには明文化されているものと、そうではないものがあります。たとえば、遊びやスポーツのルールは最初から明文化されているわけではありません。鬼ごっこのルール[→206頁]が明文化されているのをみたことがある人は少ないはずです。ただ、遊びやスポーツも社会

に広まる一定の段階で、暗黙のルールのままではいられず、ルールをはっきりと書いておくことが必要になるフェーズが出てきます。たとえば、ゲームやスポーツの大会などが行われる際に明示される「公式ルール」はそのひとつと言えるでしょう。コミュニティが閉鎖的でメンバーのリテラシーが高い場合にはルールは必ずしも明文化する必要はありませんが、さまざまな背景があるメンバーを対象にする場合には、ルールをある程度明確化しておかないと、その解釈をめぐりトラブルが起こることが考えられます。国際的に見ても同質性が高いと言われる日本でも、世代の違いや移民の多い地域などでは、ルールが必ずしも同じように解釈されない可能性があります。

　このように、ルールには明示的なルールと暗黙のルールとがありますが、慣習はその境界に位置づけられます。「慣習法」という言葉がありますが、慣習もルールになりえます。たとえば、日本では、「法に関する通則法」という法の適用関係について定めた法律があり、公序良俗に反しない慣習は、法令の規定により認められたもの又は法令に規定されていない事項に関するものに限り、法律と同一の効力を有すると規定しています（3条）。また民法でも、法律行為の当事者がその慣習に拘束される意思を有していると認められるときはその慣習に従うと規定されています（92条）。このような法的な意味での「慣習」は、「社会の構成員の間に存在する一定の慣行のうち、その慣行が成員によって法的拘束力があるものと意識されているもの（法的確信[*2]を伴うもの）」とされています。一

*2　法規範として機能しているもの、つまり、違反する刑罰や損害賠償請求の対象となる認識のあるルールとして機能しているもの。

方で、慣習には法的拘束力が認められないものもあり、そのような慣習は紳士協定や仁義、筋、道徳、倫理、規範など、必ずしも拘束力がないものとの区別がつきにくいものもあります。これらも特定の業界やコミュニティにおいて慣習化しているとき、それはルールになると言えます。

　ルールを明文化するか否かは、そのルールの使い方、適用や運用にどれだけの柔軟性を持たせるのかにもかかってきます。ルール自体はもともとは感情を排して公平に適用されることを志向してつくられるものですが、その使い方においては関わる人たちの感情を排除することはできません。しかも、違反した場合の制裁が不明確なことも多くあります。

　強制力・拘束力があるか否かでルールを定義する見解もあります。ただ、たとえば法学の世界では、「ハードロー／ソフトロー」という区別があり、ハードローは法令などの法的強制力があるもの、ソフトローはガイドラインなどの法的強制力がないものとされてきましたが、ソフトローもルールのひとつという共通認識があります。また、拘束力のない紳士協定や規範といったものの中にもルールと呼ぶべきものが存在しています。たとえば、日本の契約書の最後のほうに入っている「何かあった場合は誠実に協議しましょう」という誠実協議条項は極めて日本らしい契約文化だとされますが、これを意味のないものとして捉えるのか、規範的に意味合いとして有益なものと捉えるのかにも諸説あるところですが、これもルールと呼んで差し支えないでしょう。

　日本でルールの話をするときに、そもそも日本人はルールに不向き

であり、ルールをつくることや上手に使うことができない、そのような文化もない、とも言われることがあります。たとえば、現在の法体系や人権、契約という概念は明治維新で西洋から輸入された概念であり、日本にはこれらを権力との闘争によって獲得してきた歴史がないためそもそも権利概念が根付いていないことが問題だ、とも指摘されます。また、「目には目を」というキリスト教的思想が根底にないことが欧米との人権意識の違いにも表れていると言われています。

　たしかにそういった面もあるかもしれませんが、一方で、当然ですが明治維新前にも日本には社会が存在し、さまざまなルールがありました。また、現在でも一度方向性を決めたら、あっという間に精緻な法律やルールをつくってしまったりします（方向性を決めるまでの過程や合意形成が曖昧だったり、時間をかけてしまう面はあるかもしれませんが）。むしろ、日本人は一度方向性を決めたら、そのためのルールをつくることやそのルールをきちんと守ることに長けている面があり、日本人がルールそのものに不向きかと言われると、必ずしもそうとも言えないように思われます。

■　ルールとアーキテクチャの協働関係

　ここで、現代においてルールを考える際に重要になってきた要素に目を向けてみましょう。デジタル・ネットワーク社会において、ルールと密接な関連があり、そして時に見えないルールとして機能するものとしてアーキテクチャがあります。「アーキテクチャ（Architecture）」とはもともとは「建築物」を意味する用語ですが、ここでは何らかの

主体の行為を制約したり、可能にし
たりする物理的・技術的構造・環境
のことを言います。アメリカの憲

＊3　ローレンス・レッシグ『CODE──イン
ターネットにおける合法・違法・プライバシー』
山形浩生・柏木亮二訳、翔泳社、2001年。

法学者ローレンス・レッシグが主著『CODE』のなかで、人の行為を
規制し得る「市場」「法」「規範」「アーキテクチャ」という4要件とし
て整理したことで、広まった概念です[＊3]。

　たとえば、YouTubeというサービスの場合、YouTubeは、利用規
約やプライバシーポリシーといった事業者とユーザー間の契約や、著
作権法やDMCA（米国デジタル著作権法）といった法律にしばられる
ことになります。一方、YouTubeのユーザーは、YouTubeのサービ
スの設計・仕様にも規律されます。たとえば、YouTubeには映像・
音声のコンテンツを自動で識別する「Content ID」という仕組みがあ
りますが、このようなサービス上のアーキテクチャは、ユーザーの行
為を規律するだけではなく、違法コンテンツの自動検知や権利者に対
する違法コンテンツからの収益の一部還元等、法的なルールだけでは
実現できない価値を利用者に提供することに成功しています。

　別の例を挙げてみましょう。誰もがネットワークに常時接続する社
会では、サービスの利用者となるユーザーのプライバシーを実質的に
保護していくことがますます重要になってきていますが、個人情報保
護法やプライバシー権、利用規約などの法ルールをいくら強化しても、
ユーザーはそのルールを知らなかったり、そもそも利用規約を読まず
に同意ボタンを押してしまったり、法律や契約といった法的なルール
だけではプライバシーの実質的な保護は困難になっています。一方で、

＊4 「プライバシー・バイ・デザイン」は
1990年代にカナダのアン・カブキアン博士に
よって提唱されたシステムエンジニアリングの
アプローチで、以下の7つの「基本原則」に基
づいている。
1. 事後的ではなく事前的／救済的でなく予防的
2. 初期設定としてのプライバシー
3. デザインに組み込まれるプライバシー
4. 全機能的──ゼロサムではなく、ポジティ
ブサム
5. 最初から最後までのセキュリティ──すべ
てのライフサイクルを保護
6. 可視性と透明性──公開の維持
7. 利用者のプライバシーの尊重──利用者中心
主義を維持する
（出典：Ann Cavoukian PhD『Privacy by
Design Curriculum』（IPC）；NECソリュー
ションイノベータ「セキュリティ用語集」より
https://www.nec-solution innovators.co.
jp/ss/insider/security-words/64.html）

このような限界に対して、サービス
や製品の設計の企画・開発・製造・
利用などの各フェーズにおいてプラ
イバシー保護の取組みを検討し、実
践する「プライバシー・バイ・デザ
イン」という考え方および方法論が
広がっています［＊4］。たとえば、
米アップル社は、自社の標準ブラウ
ザ「Safari」に追跡型広告をブロッ
クする機能を実装することや、地図
アプリ等で訪問したエリアや経路に
ついてアカウント（Apple ID）では
なく、その都度変わるランダムな識
別子と紐付ける機能を実装すること

で、ユーザーのプライバシーを保護しています。このような「プライ
バシー・バイ・デザイン」の事例は、ここまでの整理のもとではアー
キテクチャによるアプローチだと言えますが、EUのGDPR（一般
データ保護規則）ではこのプライバシー・バイ・デザインをサービス
や製品に実装することを促しています。このようなルール（ここでは
法）とアーキテクチャの協働はデジタル・ネットワーク情報社会の至
るところに見られますが、これらは複雑な入れ子構造になっている場
合もあり、アーキテクチャ＝構造・環境のデザインとルールのデザ
インが分離したり、区別することが困難な場合もあるでしょう。この

場合、アーキテクチャはルールの一種として機能したり、見えたりすることもあるでしょう。

■ 「守る」だけでなく「使う」ものとしてのルール

ルールには、「人を殺してはいけない」「他人のモノを盗んではいけない」「差別をしてはいけない」といったように、大昔から相対的に不変のルールがあります。たとえば、刑法に定められているルールを思い浮かべればわかりやすいでしょう。こういうルールを「守る」ものとして捉えていることに同意する人は多いでしょう。

一方で、ルールは、「私たち」の生活を「心地よく」、「豊かに」するための道具であり、技術であるという側面もあります。たとえば、現在では所与の前提となっている人権という概念でさえ、アメリカ独立宣言やフランス人権宣言など、18世紀になって初めて「創造」されたものだったりします。そして、このようにルールを道具として捉えると、ルールは「守る」ものではなく、「使う」ものとして捉えるほうがしっくりきます。そして、その道具としてのルールを社会の変化に応じて見直し、それをアップデートしていくことも必要であると捉えることができるでしょう。このような考えを進めていくと、ルールをつくることと同じくらい、あるいはそれ以上に、つくった後にどのように運用していくか、さらに運用を検証して見直し、改善していくフェーズが大切であることに気づくのではないでしょうか。ルールが対象としている課題が難しいものだったり、環境変化が激しいものであればあるほど、見直し、改善するフェーズの重要度が増してくるで

しょう。

　ただし、ルールを私たちの生活を心地よく、豊かにするための道具として捉えたとしても、「私たち」や「心地よく」「豊かに」という言葉はマジックワード的になりやすく、耳触りが良い代わりにその定義や範囲がわかりづらくなりがちです。ルールをこのようにツールとして捉えるとしても、そのルールが「誰のために」、「何のために」あるのか、という点検は不可欠でしょう。

　次章では、道具としてのルールのうち、課題解決のための道具としてのルールに焦点を当ててみたいと思います。

> **COLUMN**　では、あらゆるルールは課題解決のためにあるのでしょうか？　「あらゆる個人には尊厳がある」「あらゆる人は平等・公平に扱われるべきである」「自分の持ち物は不当に他人に奪われない」といった基本的人権に由来するような普遍的なルールや倫理や道徳といった存在は、課題解決のための道具というよりは、人が生来的に持ち合わせているものから派生して生まれている価値であり、機能的に捉えられるべきものではない、という考え方があります。一方で、人権という概念自体がフランス革命後のフランス人権宣言における発明であり、必ずしも所与のものではないとか、人権を含むあらゆるルールを機能主義的に捉えれば、そのようなルールも課題解決のために存在しているという言い方もできるかもしれません。いずれにしても、ルールには自然法則のような非人為的なルールと人がつくった人工物としての人為的なルール、意識的につくられたルールと実態として結果的にそうなってしまっていることにより発生している非意識的なルールがあると言えるでしょう。

道具としてのルール

■　ルールは問題を解決するための道具

　私たちは、何か問題が発生したときに、ルールをつくって問題を解決しようとします。もしここでルールをつくらずに解決しようとした場合、どのようなことが起こるでしょうか。理想は、それぞれの立場の人が問題の存在に気づいて、互いに配慮し合うことによっておのずと解決されてしまうことですが、それは関係者の状況理解や思惑が一致する場合にのみ可能です。一般的には、権威や暴力など何らかの不平等かつ一方的な力関係を使うことによって、他者と調整をすることなく、力を持つ方が自分本位な形で解決することになってしまうことが大半ではないでしょうか。このように、強者がルールに拠らずに自分本位で行動し続けることを容認することは、弱者にとってずっと不利な状況が継続し続けてしまうことを意味します。

そう考えると、ルールをつくったり守ったりするということは、ある問題に対して可能な限り公平・公正かつ適切に、互いの合意や了解の中で問題を解決するための道具だと考えることができます。逆に言えば、公平さや公正さが求められない環境においては、権力者の「おれがルールだ」という傲慢なふるまいによるルールの決定も許されることになります。そのような環境においては、そこにある抑圧構造が明らかになり、その構造自体を変える動きがない限りルールが変わることは起き得ず、ルールを変えるための土壌が整っていないと言えます。一方、ルールが変わるということで、これまで前提としていた環境を変える必要が発生する場合があります。たとえば、これまで注目されていなかった新しい需要が発生することによって、新しい役割や市場が生まれることもあります。

■ ルールを見ていくと、社会の中にある課題がわかる

日常生活において「なぜこんな馬鹿馬鹿しいルールがあるんだろう?」と考えてしまうことは誰しも経験したことがあるでしょう。ですが、一歩引いてこのルールがなぜ必要なのか、もしこのルールがなかったらどうなるのかを想像してみると、そのルールが存在している理由もそれなりにあることがわかります。

一方で、時代や環境の変化とともに、古くなってしまうルールもあります。たとえば、テクノロジーの進化により法律を含むルールが時代遅れのものになってしまっている場合が典型的ですが、このような「法の遅れ (Law Lag)」は日本では「グレーゾーン」などと呼ばれ、

忌避される傾向にあります。しかし、このような「法の遅れ」が生じている場所にこそ、現実とルールのギャップという形で社会課題が集まるため、その問題に正面から取り組むことは社会課題を解決するチャンスになり得るはずです。このことは社会課題を解決するための道具としてルールを捉えた場合、その道具が古びたり、しっくりこない、その原因を特定するようなイメージを持つとわかりやすいかもしれません。最近では、このような「法の遅れ」に着目して、社会課題を解決するための新しいビジネスを新しいルールとともに提案する企業も増えてきています。

　信号のある横断歩道を渡るという状況を想像してみましょう。横断歩道を渡る際には、まず信号が青になったことを確認し、赤になる前に反対側に渡る必要があります。その際、信号が視覚情報しか提供していない場合、目が見えない人は、信号がどのような状態か認識する方法がありません。また、青である状態がどれくらい続くかによって、体に障害がある場合は渡りきれない人も出てきます。多くの人が小さい頃に習う「信号が青になったら渡りましょう」というルールも、現状の環境においては、ある特定の体しか想定されていないことがわかります。つまり、あらゆるモノやサービスに対して、本来であればあらゆる体や知覚の状態を想定して、それらに対応した設備やコミュニケーションがデザインされ、実装される必要があるのです。前述の「アクセシビリティ」です。

　ルールを設計するうえでは、そのルールの受け手にさまざまな人を想定して、それぞれに適した方法で伝達する必要があります。特に緊

急の事態においては、そういった配慮が抜けがちになります。たとえば、電車が緊急停車しなければならない場合、現状ではまず音声により車内アナウンスがなされ、少し時間が経ってホームの発車案内ディスプレイなどで文字情報が提供されます。それは、聴覚に障害がある人は、ない人と同じタイミングで情報を得ることができないことを意味します。そのような場合、たとえば音声と同時に車内の案内表示ディスプレイで文字情報が表示されるようにするだけでも、情報の格差を少しでも埋めることができます。それでも、すべての情報が日本語で提供されることで、日本語を母語としない人には理解が困難な場合もあるでしょう。これらの問題を解決するためには、さまざまなマイノリティのニーズを聞き、あらゆる人に必要な情報が届いているかを常に確認する必要があります。

　今私たちの周りに存在しているルールの中には、ルール設計者が想定できていない、私たちが社会で解決すべき問題がまだまだ多くあることがわかります。ルールについて知るということは、このような問題の所在に気づくということでもあるのです。

■　ルールによってどのように問題を解決できるか

　「ルールによって問題を解決する」と一言で言っても、解決する方法は一つではありません。たとえば、街中でゴミが大量にポイ捨てされている状況について、ルールによってどのように解決できるか検討してみましょう。

　まずそもそもの問題として、なぜポイ捨てが多発しているのかを考

えるところから始めましょう。実際に「ポイ捨てが多い」と私たちが判断するのは、どのような状況なのでしょうか。その判断が多くの人によるものなのか、たった一人なのか、一人がポイ捨てをするだけの場合はルールは必要ないのか、ルールを設ける必要があると判断するのはどこからなのか、さまざまなことを考える必要があります。合わせて、ゴミ箱の有無や形状、設置されている位置、見やすさ、周辺環境、溜まったゴミの回収などの運用状況など、環境のどういった要素がポイ捨てを発生させているのか、その要因について見ていくことも必要です。これらを把握することで、ルールによって制限をかける場合に、何を条件とすると問題が解決できるのか、指針を立てることができます。

　ここまでできて初めて、ルールを検討するというフェーズに入ります。ポイ捨て禁止のルールを検討するうえで一番わかりやすいのは、とにかくポイ捨てという行為自体を禁止するという形で制約をかけることです。この場合、ポイ捨てをしないとすると、ゴミを持ち帰らせるのか、ゴミを入れるためのゴミ箱を設置するのか、運用方法を含め環境に合わせて対策を検討しておかないと、ルール自体が守られずに形骸化される可能性もあります。また、ルール自体が誰にとってもわかりやすく伝わっているかということも重要です。さらに、罰則とセットでないと強力に作用しない可能性があるため、動機としては「捨ててはダメだと理解させる」のではなく「罰則を受けたくないから捨てない」という形になる可能性があります。それは、その場限りにおいては多少有効と言えるかもしれませんが、場所や条件が少しで

も変わると適用されないリスクがあります。また、罰則をつくり実行すること自体もそれなりのコストを伴うため、それでも罰則を設けるのか、判断が必要になってきます。

そのうえで、明文化されたルールの前段階でポイ捨て行為に影響を及ぼす方法についても検討すべき事項があります。たとえば、ゴミ箱自体が視認性が高いかどうか、投入口の形状やフタの有無など、ポイ捨てされない行動を誘発するような設計になっているかなど、デザインの領域で解決できる要素もあります。さらに、ポイ捨ての要因の芽を摘むという意味では、そもそも外で移動中に発生してしまったゴミの行き先がなく、手放すためにポイ捨てが発生している可能性も排除できません。その場合は、ゴミ箱を多く設置することで、ゴミの行き先をつくり問題の要因を減らすというアプローチが可能になるはずです。これらゴミ箱の設置に関しても、数を増やし適切に管理（集まったゴミの回収やメンテナンスなど）するためのルールを設計することで、罰則を実行する前にポイ捨ての機会を減らすことができます。

合わせて、ポイ捨てを減らす動機にルールが作用する場合もあります。2015年にイギリスの環境保全団体、ハバブ財団は、タバコのポイ捨て防止対策として「Ballot Bin」という投票式の吸い殻入れを設置することで、推定年間1500万本の吸い殻のポイ捨てを防止できているという事例があります。このような吸い殻入れを目にしたとき、人々の心の中では、吸い殻をきちんと捨てようという気持ちよりも、「世界で一番優れたサッカー選手は？」といった質問に答えてみたいという気持ちが沸き起こった結果、行動につながってることが考えら

れます。そこでは、ルールの存在が意識からは消失していますが、結果的にルール自体の目的が達成されているということが起こっています。[図2]

このように、ゴミのポイ捨てをなくすためのルールの役割を考えることひとつとっても、解決策は一つではなく、罰則を科すことだけではないさまざまな方法があり

図2　ハバブ財団考案の投票式吸い殻入れ。思わず投票したくなるさまざまな質問が書かれている。Photo by Hubbub
https://hubbub.org.uk/ballot-bin

ます。そして一つのルールによって完璧に解決できるわけでもないため、問題に関連したさまざまな要因（周辺環境、文化、コストなど）によって、それぞれ一長一短の解決策が選ばれますし、設定したルールが適切であったかどうか、定期的に見直す必要があります。

■　ルールをつくるときに考えるべきこと

では、問題解決のためにルールがうまくはたらくように設計するためには、私たちはまず何から考えるべきなのでしょうか。ここでは、ルールを考えるうえで視点として必要になると思われる要素を以下に整理していきます。たとえば「美術館で写真撮影をOKとするルールをつくる」という事例を元に考えてみましょう。

1. 対象：誰に向けてのルールなのか（そこに含まれていない人がいな

いか)

　まずは、ルールを誰に向けてつくるのか、その対象について考えます。ルールによって解決すべき問題に関係する人々を特定し、それぞれの立場から問題についての考えを収集することで、ルールの対象とすべき人を割り出してみましょう。その際、私たちは自分の立場からルールについて考えてしまうことが多いので、対象とすべき人が漏れなく正しく設定されているかどうかについては、よく検討する必要があります。ここで扱っているルールの対象とすべき人のことを「ステークホルダー（利害関係者）」などと呼ぶことがありますが、ステークホルダーが抱える利害には、直接的なものから間接的なものまでさまざまなグラデーションがあります。ルールの対象として、どこまでをステークホルダーとして扱うべきかは、つくられるルールが扱っている内容によって変わってきます。

　それでは、美術館で写真撮影をOKとするためにはどのような対象がステークホルダーとして考えられるでしょうか。大きくは以下の3つの立場がありえそうです。

　一つ目の立場は、美術館（および運営主体）。現在は撮影が許可されている展示も増えてきていますが、それらの多くはSNSなどでの口コミによるPR効果から来場者数を増やしたいという経済的な

理由などが背景にあるようです。その一方で、昨今の感染症対策や展示運営、作品保護、鑑賞環境保護の観点から撮影を禁止とする考えをもつところもあります。

　二つ目の立場は、作品を制作しているアーティストやその所有者・権利者です。こちらの立場の人にもいろいろな考えがあります。作品を見てもらう機会を増やせるならと撮影OKと考える人もいれば、作品に集中して向き合ってもらいたいという意向から撮影NGにしている作家もいます。また、特に写真家や映像を扱う作家に多いですが、作品の写真が勝手に利用されることで不利益を被る可能性や著作権の問題からNGという判断をされることもあるようです。

　三つ目の立場は、鑑賞者です。こちらにも撮影OKとNG、両方の意見があります。イメージとして撮影OKの立場の方が多いようにも思えますが、シャッター音などがうるさくて静かに鑑賞できないことから、撮影を目的とした客層が増えることを強く懸念される方もいます。これについては、展覧会や作品の内容によるところも大きいでしょう。

　このように、美術館での写真撮影の問題をひとつとっても、さまざまな立場がありますし、同じ立場の人の中でもそれぞれ異なる意見があります。全員が諸手をあげて同意できるような条件を探るのはかなり難しいという点はありますが、条件を整理しながら許容できる部分を探ることを行いつつ、最終的にどの意見を重要視するか、責任

*5　美術館での展示作品の撮影をめぐる試行錯誤については、田中みゆきによる論考「『ルール?展』のルール：自由と制約についての覚え書き」の「撮影のルール」の項 [→260頁] を参照のこと。

者が決断する必要があるでしょう [＊5]。

2. 有効範囲：どんな時に、どんな場所ではたらくのか

　次に、どんな時や場所でそのルールがはたらくのかという有効範囲について考えます。ひとつのルールがあらゆる状況や場所で常にはたらき続けるというわけではありません。たとえば一部の街や商店街などでは「歩行者天国」と呼ばれている、車道を封鎖して歩行者が自由に歩けるようなルールを導入しているところがあります。このルールも、地域によっては恒久的に車道を封鎖しているところがあったり、日時が限定されて運用されている地域があったりなど、その地域ごとの交通量や事情に応じて個別に設定がされています。私たちがルールを設定する際には、そのルールの有効範囲についてあらかじめ考えておく必要があります。展覧会を例とした場合は、大抵はその展覧会の会期中のみに有効なルールとして設定されますが、公共的なルールであれば、期間を設定しない場合、それが何世代にも引き継がれていく可能性があります。その場合、責任の所在が不明となったり、形骸化したりということが起こってきます。

　美術館で写真撮影をOKとするルールについて有効範囲を考えてみると、ある美術館が写真撮影をOKしたからといって、別の美術館がOKとは限りません。また、これはよく見られる例ですが、特定の作品や展示室のみ撮影OK・NGが指定されている場合があります。それは、作品ごとに作家の考えによってOK・NGの判断が行われていることから美術館・展覧会全体で一律にOK・NGを指定することが難しい

ためです。また、最近では、期間を限定したり、曜日によって撮影OK・NGの日をつくるようなアプローチを採用する美術館・展覧会も出てきました。有効範囲をうまく設定することで、前述した異なる考え方や立場をもつ人たちの間でルールを調整することも可能になりますが、その違いを鑑賞者が注意深く認識し、都度条件が変化するルールが守られるように運用する必要があるため、すべての鑑賞者にルールが確実に伝わり実行できるかどうかは、難しいところでもあります。

3. 制約条件：何を守る、制限するのか

　ここでは、具体的に何を守る（制限する）のかという制約条件について考えます。ルールによって指定された制約条件が、きちんと問題解決に有効であるかどうかを考えておく必要があります。また、条件自体が守れない、あるいは厳しすぎるということはないかも合わせて考えておく必要があります。

　美術館で写真撮影をOKとするルールでの制約条件について考えてみると、写真撮影はOKだが作品保護や他の鑑賞者への影響を懸念してフラッシュ撮影や三脚の利用は禁止したり、映像作品の動画撮影は複製になってしまう可能性があるので禁止されていたりなど、条件が個別かつ複雑になっているものもあります。また、前述の有効範囲のところでも書きましたが、ひとつの展覧会の中で撮影OKの作品とNGの作品がある場合、それらが同じ展示室にあると、鑑賞者側でルールが遵守されなかったり、厳密に禁止する場合に監視員がどこまで対応すべきかという人的リソースの問題も考えられます。よく見ら

れるのは、展示室ごとに撮影OKとNGを分けて扱っている場合です。このように考えると、撮影に関わるルール自体が展覧会の構成にも少なからず影響を及ぼす可能性があるため、展覧会の構成が完成してから検討するよりも、それ以前の企画段階からルールの設定についても検討しておくべきであることがわかります。

4. 遵守条件：守ってもらうためのコストと破られるリスクのバランスを考える

　実際に設定されたルールを守ってもらうためにどのようなコストがかかるのか、罰則などを設定する必要があるのかなど、コストとリスクのバランスを考えるということも必要です。どんなにルールが盤石なものであっても、それを守ってもらうために膨大なコストがかかる場合、そのルールが守られないことを許容する方がコストがかからないので、ルールが形骸化し守られない状態が普通となってしまいます。

　美術館で写真撮影をOKとするルールを検討する場合、結果として撮影NGとする際には、実際に撮影してしまった鑑賞者がいたときに、注意をするだけで済ますのか、撮影した写真を消してもらうのか、さらに強い措置（退出の要請など）をするのかなど、対応についてコストとのバランスにおいて十分検討しておく必要があります。その場合、きちんとそのルールが鑑賞者に伝わっているかなど、主催者側の責任や労力も大きくなります。また、撮影OKとした場合も、その結果撮影のために作品に触れてしまったり、本来立ち入り禁止の場所に入ってしまったり、他の鑑賞者の鑑賞や通行の妨げになるなど、別のルー

ルに抵触してしまったり新しい問題が発生するリスクも考えられるため、そのあたりも考えておく必要があります。

　また忘れてはいけないのは、このようなルール設計の場面においては、設計者や運営者側が強い特権性を持ってしまうということです。これまで書いてきた通り、ルールは互いの合意や了解の中で問題を解決するための道具であるという視点から考えると、ルールの設計者自身が高い倫理観を持って臨む必要があります。また設計者や運営者は、その高い倫理観によるルールが、運用される現場やルールの適用対象者、ルールのユーザーにとって現実的に遵守可能なものなのか、主体的に考える必要があります。場合によっては、ルール設計や実装のプロセスにさまざまな立場の人が入ることができる仕組みをつくる必要があります。

　このように、実際にひとつのルールがきちんと機能するように考えるためには、さまざまな要素を同時に考える必要があります。また、それぞれの条件は相互に関係しているため、それらの関係を整理したり、矛盾がある場合には、最終的に誰が責任を取ってどの立場を優先する判断をするのかを決定する必要があります。実際にルールをつくり、運用していく場面では、このような議論や実践が日々行われているのです。

5. 既存のルールの例外を考える

　世の中のあらゆるルールが、すべての人のことを考えてつくられたものではありません。既存のルールがあらかじめ特定の人々を含めら

れていない場合、そのルールをその人たちを含めるような形で対応していく必要があります。その例として、2021年に障害者差別解消法の改正法が成立したことにより、2024年4月から行政機関だけでなく民間の事業者にも障害のある人に対して合理的配慮の提供が義務づけられるようになりました。まず、障害の原因を個人の心身機能にあり、治療によって乗り越えられるべきであると考えることを障害の「医学モデル」、障害はそういった心身機能の違いに対応できていない社会の側にあると考えることを「社会モデル」と言います。ルールに関して言えば、社会のルールは一人の力で対応できるものではないため、社会全体で変更や修正を検討していく必要があります。

　合理的配慮とは、障害のある人たちの権利が、障害のない人たちと同じように保障されるとともに、教育や就業、その他社会生活において平等に参加できるように、それぞれの障害特性に合わせて行われる配慮のことです。たとえば、公共施設において筆談や音声読み上げ、手話通訳などが提供されること、仕事の指示内容の伝え方などコミュニケーションを簡潔に工夫することや、休憩時間や場所の確保などが挙げられます。

　また、たとえば製品やコミュニケーションのデザインなどを変更する場合に、これまでのマジョリティに向けた開発プロセスの中で障害のある人に向けた製品を開発しても、障害のある人にとって実際は使いづらいものになっていたり、特注のような形となり生産コストが上がることで手の届かないものになったり、根本的な問題解決にはなりません。そこで、あらかじめ障害のある人に開発のプロセスの初期の

段階から関わってもらい、彼らの視点を含みながらデザインを設計していく手法を「インクルーシブデザイン」と言います。また、対象には障

＊6　「ThisAbles」のプロジェクトについては以下のウェブサイトおよびYouTubeで見ることができる。https://www.milbat.org.il/en/thisables/; https://www.youtube.com/watch?v=a0PA_VpLIDw

害のある人に限らず、高齢者や外国人など、従来のデザインプロセスから排除されてきたその他の人々も含まれます。最初からあらゆる人を対象としたデザインをしようという「ユニバーサルデザイン」と対照的に、「インクルーシブデザイン」ではこれまで除外されていた人たちと潜在的なニーズを発見し、結果的に多くの人にとって使いやすいデザインを創造することが目指されています。

　イスラエルのIKEAが非営利団体のMilbat、Access Israelとの共同プロジェクトで始動した「ThisAbles」は、既存の家具をアクセシブルに変える家具用アタッチメントを製作し、データをウェブ上で一般公開して誰もが3Dプリンターでつくれるようにした取り組みです［＊6］。

図3　既存の家具をアクセシブルに変える「ThisAbles」。IKEA ThisAblesより

たとえば、ランプのスイッチに装着することで押しやすくなるアダプターや、開けにくい取っ手に取り付けることで肘でも棚を開けられるようにするハンドルなどがあります。「より良い毎日を、多くの人に」というミッションを掲げるIKEAは、購入しやすい

価格で、使いやすく優れたデザインの商品を提供してきました。しかしそれはマジョリティを中心とした資本主義社会においてであって、そこから除外された人たちの存在に自ら向き合ったプロジェクトです。本来は設計段階から検討されるべきことでもありますが、障害のある人たちとの共創とその成果を他に同じニーズを持つ人たちにも広く公開することによって、製品の使われ方を少しでも良い方向に軌道修正した好例と言えます。[図3]

■ ルールの前提にあるもの

　そもそもルールについて考えるときに、私たちはさまざまな前提条件を利用しています。ここではその前提条件について考えていきます。

1. 言葉のルール

　ルールがどのような言葉で書かれているのかは、とても重要な問題です。そもそも言葉自体も文法というあるルールの中で意味を紡いでいるものですし、自分の理解する言語で書かれていたとしても、ある特定の知識や言い回しを知らないと理解できないといったように、言葉遣いなどによって人を排除してしまう場合もあります。一方で、多言語社会においては一つの言語のみでルールを記述しても対象となる人に届かず、伝わらないどころかルールの存在さえも気づかないということもあります。そのため、たとえば近年公共施設では、多言語表記だけでなく、日本語を母国語としない人たちを対象に「やさしい日

図4　大阪市生野区による取り組み「やさしい日本語から、つながろう。」のために用意されている「やさしい日本語」ロゴの缶バッジ（左・中）とステッカー（右）。生野区ホームページより
https://www.city.osaka.lg.jp/ikuno/page/0000448076.html

本語」での情報提供が行われています。[図4]

　ピクトグラムなど、非言語によってルールを伝達しようという実践も多く存在してはいますが、いずれも視覚的な情報伝達であることには変わりなく、その記号がどのような文化を元につくられているのかによって理解ができない場合があります。たとえば、コンピュータのソフトウェアの一部では、現在も「保存」を示すアイコンが今ではほとんど使われていないフロッピーディスクを描いたままだったりします。

　そしてルールの中には、言葉を使って明文化されていないものもあります。寺社仏閣などには「止め石（留石、関守石）」と呼ばれる、石に縄を結びつけたものを道に置き、「進入禁止」を示すものがありますが、それらは道や橋の中央に小さく置かれるため、バリケードのように道全体を物理的に塞ぐ機能はありません。あくまで注意を喚起して行動を促す

図5　京都府妙心寺の関守石

心理効果としてのはたらきが主になります。そのため、意味を解読するには日本の文化や宗教に関する一定のリテラシーを持っていることが前提となり、違う文化圏の人にはルールが共有されずに機能しない場合があります。[図5]

また、墨字（印刷された文字のこと）しか書かれていない紙は、視覚障害者には白紙と同様です。そのため、彼らに対しては、音声読み上げなど視覚に依存しない方法で情報提供が行われる必要があります。また、音声情報が含まれる場合、ろう者や難聴者に対しては、日本語を母語とする人に向けた日本語字幕と、手話を母語とする人に向けた日本手話、両方が提供されることが必要です。つまり、身体的・文化的特性に応じて言語の伝達方法を複数設ける必要があります。

2. 色や音のルール

言葉だけでなく、色や音自体が、その組み合わせやコントラストによって情報を伝達する手段となる場合もあります。

たとえば信号であれば、万国共通の意味づけとして「赤は止まれ、青は進め」と色によるルールの伝達が行われていますし、踏切や工事現場などでは、黄色と黒という最もコントラストが強く目立つ配色のパターンによって注意を喚起するのが一般的です。しかし、虹の色の数が国や地域によって異なるなど、文化によっては異なる文脈を持つ可能性もあり、色だけに依存することが危険な可能性もあります。

合わせて、色には意味を持たせるだけでなく情報の階層や種類を分別するという使い方もあります。たとえば小中学校の体育館の床には、

さまざまな色の線が引かれていることがあります。これは、それぞれの色の線が、赤い線はバレーボールのコートの枠線、青い線はバスケットボールのコートの枠線といったように、体育館を使用して行われるさまざまな競技ごとのルールによって定

図6 さまざまな競技のために枠線が引かれた体育館の床

義されたフィールドが、異なる色の線によって示されており、体育館のような限られたスペースを効率よく、多用途に使うための工夫として色が利用されています。[図6]

　また、音に関しても同様に、成功や通過を知らせる音は高い音で、失敗や危険、エラーを伝える音は低い音が一般的には使われます。しかし、これも全員が明確にわかるルールと言えるでしょうか。たとえば、ろう者や難聴者、発達障害のある人などに向けて視覚情報や触覚情報などを添えて伝えることで、それ以外の人にとってもよりわかりやすく伝わる可能性があります。

3. 単位のルール

　バラバラな言語や文化を背景に持つ者同士が、同じ社会の中で基準を揃えて物事を扱うために、私たちは単位と言われるものを利用しています。それぞれの単位は明確に量や値が規定されているため、空間が離れていても、過去や未来のように時間が離れていても、単位さえ

共有できていれば、同じ物事を扱うことができます。

　実際にメートル法など、単位を統一するための基準は明文化され、ルールとして世界中で用いられています。しかし、アメリカでは未だにインチやフィート、ポンド、マイルといった独自の単位が使われています。また、日本国内でも建築業界や舞台の仕事では尺貫法を使うなど、同じ文化圏であっても専門分野によっては共通言語が異なる場合もあります。

　また、単位の持つ「共有・交換可能にする」という機能を、価値に適用した例として通貨があります。通貨があることで、ボールペンとドーナツのような全く無関係なもの同士の価値を比較することができたり、労働のような形のないものに対しても同等の価値体系に組み込むことができたりなど、社会を動かしていくメタルール（特定の分野の外側に立った高次のルールのこと）の役割を担っています。

■　ルールを破ったらどうなる？

　ルールをつくる際には、ルールを破る人が一定数出てくることも想定しておく必要があります。ルールの特徴のひとつとして、破られたときに制裁を科される場合があることが挙げられます。犯罪を犯した人に対して懲役や禁錮、罰金等の刑罰を科すことは、その典型的な例ですが、古くはルール違反者について、いわゆる村八分など特定の共同体から締め出されることが罰として行われていたこともありました。また、契約違反がある場合の違約金を定める場合もルール違反の制裁のひとつです。このようにあらかじめ制裁を明示しておくことで、

ルールを遵守することを間接的に強制する効果があります。

　しかし、科される罰則やルールを破ったことで失われる利益に対して、破ることでそれを上回るメリットがあるなど、破ることは大したことではないと思われてしまうと、ルールを破るという判断に傾きやすくなる可能性があります。ただし、ルールを破った結果起こることが、単に明文化された制裁のみであるかはよく見極める必要があります。たとえば殺人罪を犯して実刑をうけて刑務所に入る場合の制裁は、その懲役という明文化された刑罰のみではありません。刑務所を出たあとも、犯罪歴を抱えることによる再就職の難しさや周囲の偏見などにより社会復帰が難しくなるという事実上の制裁も発生し得ます。

　また、ルールを破っても何も罰則がなかったり、罰則が正しく実行されなかったりすることがあると、ルール自体が形骸化され、人々が守らなくなるという可能性もあります。そのようなことが積み重なると、結果として解決されない問題が増え、社会が維持できなくなるでしょう。

　罰則の最も究極的なものとして、死刑制度が挙げられます。国際人権団体アムネスティ・インターナショナルによると、死刑制度を廃止する国は112に上り（2022年12月31日時点の統計）［＊7］、世界的には死刑を廃止する流れが進んでいます。たとえば、OECD（経済協力開発機構）加盟国のうち、死刑制度を置く国は日本とアメリカのみでしたが、アメリカでもバイデン大統領が死刑廃止を公約に掲げ、2021年7月には連邦レベルでの死刑執行が一時停止されました。そ

＊7　アムネスティ・インターナショナルによる「死刑廃止国・存置国リスト」(2022年12月末現在)
https://www.amnesty.or.jp/human-rights/topic/death_penalty/DP_2022_country_list.pdf

＊8　内閣府による「基本的法制度に関する世論調査」(令和元年度)
「政府広報オンライン」https://survey.gov-online.go.jp/r01/r01-houseido/2-2.html

の背景には、死刑は非人道的な刑罰であり、特別な犯罪抑止効果があるという確実な証明はないという認識があります。日本では、戦後一貫して死刑残置派が大半を占め、2019年の内閣府世論調査では「死刑もやむを得ない」が80.8％で「廃止すべきだ」の9％を大きく上回る結果となりました［＊8］。人間の過ちに対して、国が命を奪うことを許し続けるのか、教育による更生や再犯防止を整えるのか、人権についての議論を深めることが必要とされています。

　一方で、破っても制裁が課されないことが明示されているルールもあります。たとえば、法律の規定には法的義務を定めた規定と、努力義務を定めた規定がありますが、努力義務を定めた規定に違反しても制裁はありません。ただし、法的に制裁がない場合でもコンプライアンス上は問題視されるなど、一段緩やかな社会規範として機能することがあります。私たちの身の回りの例としても、家族や友人間のルール違反で罰金のような制裁を設けることもありますが、むしろそのような制裁は定めず、単に約束事としてルールを定めている例が多いでしょう。それでも、その制裁がないルールに意味がないかと言われれば必ずしもそうではなく、ルールに違反することで自らに対する信頼や評判が落ちることになるため、私たちは日常的な小さな約束事も頑張って守ろうとするのです。

また、罰則付きのルール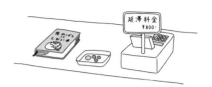
があるからこそ安心して行
動できたり、自分の行動を
律することができる場合も
あります。たとえば図書館
では、貸し出した本が期日までに返却されないときに、1冊につき1
日10円延滞料が取られるルールや、延滞に関する直接的な罰則はな
くとも返さないと新たに貸し出しはできないというルールを設定して
いるところもあります。このような小さな罰則は、つい忘れてしまう
人間の性質に対して行動を促す作用をもたらすことがあります。一方
で罰則が厳しすぎてしまうと、たとえば図書館だったら「もう図書館
で本は借りないようにしよう」という気持ちが生まれてしまうため、
利用を控えるなど行動自体を萎縮させることにもつながりかねません。
このように、ルール違反の制裁の種類・強弱はそのルールで実現した
い目的との兼ね合いで適切なバランスを図る必要があります。

■ つくったルールを使って、見直す

　ルールを課題解決のための道具として捉えた場合、そのルールをど
のように運用していくか、運用していくなかで発生してきた問題や課
題を洗い出し、分析し、ルールのアップデートに活かしていけるかは、
ルールを新しくつくることと同等、いや、それ以上に重要です。特に、
現代の社会課題は「やっかいな問題（wicked problem）」とも言われ、
問題・課題が複雑に絡み合っており、一朝一夕に解決することは困難

で、また社会が変化するスピードも早く、予測可能性が低いと言われています。このような社会環境においては、課題解決のための解決策が一回でうまくいくことはなく、その時々の最適解を出し、それを運用し、効果検証し、より良い解決策につなげていくことこそが大切になります。もちろん、これはルールに限ったことではありませんが、ルールにも当てはまることです。

　ルールの運用には、そのルールを対象者に周知すること、そのルールを対象者が実際に使ってくれるようにすることが必要です。せっかくつくったルールが知られていなかったり、守られないのであれば、そのルールをつくった意味がなく、課題も解決されないばかりか、そのルールをつくるためにかかった人的・時間的・経済的なコストが無駄になってしまいます。また、そもそも運用しづらいルール、運用に過剰なコストがかかるルールをつくっても画餅に帰することになります。そのため、ルールをつくる際には、運用しやすさを考慮してルールをつくることが大切です。

　ルールを運用していると、ルールに穴があったり、狙っていた効果を生まなかったり、変化に応じて使われないものになったり、新しい課題が生まれてきます。このようなルールの運用面で出てきた課題を分析・検証することにより、ルールを見直していくことが可能になります。しかし、ルールについて、このように一度つくったルールを使ってみて、分析・検証して、見直していく段階を重視する視点や議論は、想像以上に少ないのが現実です。しかし、ルールを道具として捉えれば、このように実際に使ってみて、分析・検証して見直し、ま

たつくり直すというサイクルの重要性は容易に理解していただけるで
しょう。また、このように分析・検証・見直しのフェーズを重視する
ことで、大きく変わってくることがあります。これまで、ルールをつ
くる側と、ルールを運用したり、使う側は別々で、そこには断絶が起
きがちでした。しかし、ルールを使い、分析・検証し、見直しにつな
げていくことを重視するのであれば、ルールを使って、分析・検証し、
見直していくことが次の新しいルールをつくっていくことに断続的に
つながっていくため、ルールの使い手と新しいルールのつくり手をほ
ぼ同等に捉えることができます。ルールを分析・検証し、見直してい
くフェーズを重視することによる、このようなルールのつくり手と受
け手の認識の変化も重要です。

　以上のように、本書ではルールをツールとして捉えることにより、
ただルールをつくって使って終わりの一回的な営為から、ルールをつ
くって、使って、見直して、またつくる、という循環的な営為へと転
換する必要性を唱えたいと考えています。

　ここまで、ルールは課題解決の道具となり得ること、実際に私たち
の身の回りの多くの場面でルールが課題解決のために利用されている
こと、それがゆえに逆にルールを見ていくことで、社会に存在してい
る課題を認識することも可能であることを確認してきました。一方で、
ルールで課題を解決する際のアプローチはさまざまであり、誰に向け
て、どのような条件のルールを、どのようにつくるか、そしてその
ルールに違反した場合の効果も、さまざまに考えられることを見てき

ました。

　さて、そのような課題解決のための道具としてのルールですが、ルールの役割はそれだけでしょうか？　実はそれだけではない、というのが本書における筆者たちの主張です。では、課題解決のツールに留まらないルールの役割について、次章で見ていきましょう。

ルールと創造性

■ 「創造的に使う」とはどういうことか？

　本書では、ルールは人や組織を縛るものであるというイメージから
脱却し、私たち一人ひとりの思考や行動をポジティブに変える、創造
的な使い方ができるものとして捉え直して考えてみようということを
提案しようとしています。

　たとえば、自然界にあるルールを創造的に応用した例として最も有
名なものに、黄金比が挙げられるでしょう。黄金比とは1:1+√5/2
の比率を指し、近似値は1:1.618とされ、人類が最も美しいと感じる
比率とされています【図7】。フィボナッチ数列と密接な関係を持つ黄
金比は、シダ植物、ひまわり、貝殻やハリケーンの衛星写真など、自
然界において具体的な形として見ることができます【図8】。自然界に

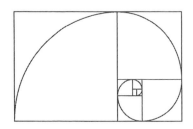

図7 黄金比の長方形

図8 螺旋状に並ぶヒマワリの種
L. Shyamal, CC BY-SA 2.5, via Wikimedia Commons

最も多く見られる割合のため、人の目に心地良く、安定して、それゆえ美しく映るとも言われています。黄金比を用いてつくられたと言われる歴史的建造物や美術品には、（個々に信憑性の議論はありますが）ギザのピラミッドやパルテノン神殿、レオナルド・ダ・ヴィンチの《モナ・リザ》、そして葛飾北斎の《冨嶽三十六景「神奈川沖浪裏」》などが挙げられます。

　また、渡り鳥や魚などが群れとなって行動するときにはたらくルールが「群知能」としてゲーム開発や映画制作に使われていることも、自然界のルールを創造的に応用した例と言えるでしょう［→**156**頁］。そのほかにも創造において自然界にあるルールが活用されている例はたくさんあります。

　たとえば、建築家の青木淳さんは、設計において、設計者が自らの好みという恣意的な選択ではなく、その設計の対象物が期待されている機能よりも上位の次元にある、発注者や関係者の間で共有できる／納得できる何らかの確からしい根拠をもったルール（青木さんはこれ

を「決定ルール」という言い方をしています）を探し、それにしたがって構成や表現を選択しようとする、そのようなルールは設計において補助線になるものであると論じています [＊9]。設計のかなりの時間は、こういったルールを発見するために費やされます。つまり、仮にルールを立て、それを試運転し、出てくるカタチをチェックし、よいと思われる結果が出るまで、それを延々と繰り返す──こうしたルールは、かたちそのものではなく、それを運用することで構造自体に創造性を持つかたちを生み出すものであり、目に見えないアルゴリズムやプログラム、プロトコルのようなものだと言えるでしょう。そうしたルールの発見や設定こそを自らの創造性の核だと捉えているアーティストやクリエイターも多いと思います。

　一方で、ここでいう創造性とは、偉大なアーティストのクリエイティビティやイノベーションと呼ばれるような特別なものだけを指すわけではありません。そもそも創造性とは、限られた才能や環境を持つ人だけのものではなく、私たち誰もが生まれつき持っており、日常生活のさまざまな場面で発揮されているものです。たとえば、家を出て目的地に到着するまでの効率的なルートを考える、一番安く買える方法で買い物する、誰かに喜んでもらうようなプレゼントを考えるなど、些細な場面でもいろいろな情報を調べたり組み合わせたりして、自分なりに使いこなすなかで日々やり方を改善したり、より良い選択肢を選んだりしているのではないでしょうか。新しいルールを生み出すことだけが創造的な行為なわけでな

＊9　青木淳『原っぱと遊園地──建築にとってその場の質とは何か』王国社、2004年を参照。

く、すでにあるルールの制約を乗り越えようとしたり、ルールをどのように利用するか、解釈するかという視点の工夫も、「創造性＝創造的に使うこと」のひとつのあり方だと考えることができるはずです。

■ なぜルールに創造性が必要なのか？

ルールをつくる際には、起こり得るさまざまなことを想定し、それらにできる限り対応できようにつくりますが、ルールが人のつくる人工物である以上、あらゆる事象を想定しきることは困難です。したがって、ある程度の明確性は持ちつつ、いかに柔軟に対応できるルールをつくれるかが設計者の腕の見せ所と言えるでしょう。

そもそもルールには、その対象となる人を拘束し自由を奪う側面と、そのルールに従ってさえいれば、それ以外は自由にふるまうことができるという、自由を確保する側面の二面性があります。ルールによって自由を奪う代わりにどのようなメリットを提示できるか、あるいは、自由を確保しながらもルールを守ったり、使ったりする人を増やせるかなど、創造性は、その両面において発揮することができます。それだけでなく、たとえばルールが自分の状況や目的に沿ってつくられていない場合、それをどう自分に当てはめて解釈するか、それを他者と共有していくかには、少なからず創造性が必要になるのです。

「マイルール」のように、ルールが一人から始まる場合は、より創造性と結びつけて考えやすいかもしれません。しかし、友達や家族、学校、サークル、会社、自治体、と規模を広げていくほど、ルールは自分の手元から離れていくように感じられることもあるでしょう。そ

れは、創造性についても同じことが言えるかもしれません。子どもの頃は何も考えずに物事を楽しめていたのに、大人になるにつれていろいろなルールやパターンを知っていき、"普通"の概念が形成されていきます。同調圧力が強い社会のなかでは、そこから外れることは多くの人にとって難しく、それゆえ負荷が高く感じられるようになっ

COLUMN　青木淳さんは、ルールと余白の関係を「原っぱ」と「遊園地」という有名なメタファーで説明しています。青木さんは、建築や空間を、見ただけでどのように遊ぶものかがわかる遊具で構成されている「遊園地」と、見ただけではどのように遊ぶのかがわからず、そこで居続けること、行われることで空間の中身がつくられていく「原っぱ」とに区別し、理想的な建築・空間は「原っぱ」のようなものだと言います。用途が決まっている「遊園地」ではなく、新しい可能性に開かれている「原っぱ」の方が創造的だと言うのです。さらに、このような「原っぱ」はあらかじめ設計可能なのだろうか？　と青木さんは問います。デンマークで始まったと言われる「がらくた遊び場」は、現在日本でも各地に広がるプレイパークの原型とされます。プレイパークは、従来の公園、既成のブランコ、シーソー、鉄棒など ↗

ていきます。そのような社会では、与えられたルールを守ることが目的化してしまい、他にもっと良い解決策があっても理解が得られなかったり、ルールから外れる人を阻害したりといったことも発生してしまうかもしれません。

　そうしたことを防ぐ意味でも、ルールをつくったり、使ったり、見直したり、更新したりする際に、創造性という視点が欠かせないのです。創造的にルールを設けることで、他人のことを想像させ、人々の意識をまとめたり、行動を促したりする試みは数多く行われています。

　では、ルールがあることで発揮される創造性には、どのようなもの

の決まった遊具が並ぶ遊び場と違い、一見無秩序のように見えて、子どもたちが想像力で工夫して遊びをつくり出すことのできる遊び場を指しています。あらかじめ遊び方が想定された遊びではなく、禁止事項をなるべく設けず、子どもたちが自分の責任で自由に変更や改変を加えて、遊びを発見したり創造したりする喜びを味わうというのがその理念です。本書の〈実践編〉でも紹介する山口情報芸術センター[YCAM]から生まれた「コロガル公園」シリーズ[→130頁]は、さらにテクノロジーを道具に加え、子どもたちによるルールメイキングを誘発するような実験を行っています。

があるのでしょうか？

この章では、このような「ルールと創造性」の関係について、さまざまな具体例を挙げながら考えていきます。それは、ルールとルールを使う人の関係性を見直していくことと言えるかもしれません。

■　ルールをつくる創造性

　ルールをつくるという行為の中にも創造性があります。ルールの中には創造的なルールがあると言ってもよいでしょう。たとえば、伊勢神宮で1300年にわたり繰り返されてきた「式年遷宮」は、創造的なルールのひとつです。伊勢神宮では、20年おきに社殿をつくり替えることで、常に新しい社殿でお祭りが行われていることに大きな意義があるとされています。また、このような神事のルールがつくられた理由には、古くなったものをつくり替えて常に若々しくあるという「常若の思想」や建築技術の継承を行うこともあるとされています。

　あらかじめルールのなかにアップデートする仕組みを組み込んでおくという視点は、アップデートが頻繁に必要な分野の法律にも採用されています。たとえば、個人情報保護法は、3年ごとに見直しをする

ことを定めた規定があり、常に時代の変化に応じて規定を変更していくことが法律の規定として定められています。同じように、米国などの著作権法にあるフェアユース規定は、いくつかの要素を考慮して「公正な利用（フェアユース）」と言える場合には、権利者の許諾なく著作物を利用できる、という抽象的な一般条項を著作権法に規定しておくことで、新しい技術が生まれる都度、著作権法を改正するのではなく、社会や技術の変化に応じて柔軟に対応できる法環境を生み出しています。

　ルールのつくり方をつくる、というメタルールも、ルールの創造的な側面として取り上げることができます。たとえば、米国のトランプ元大統領がつくった通称「1 in 2 out Rule」も興味深い事例です。このルールは、1つの法律をつくるためには2つの法律を廃法にしないといけない、というルールのつくり方に関するメタルールで、オバマ政権時代に社会保障等のたくさんできた法律に、トランプ時代に掲げられた規制緩和政策によって打ち出されたルールでした。ネットフリックスの提唱する「脱ルール」の考え方である「No Rules Rules」[→138頁]もこのような例のひとつと言えるでしょう。
　「あいちトリエンナーレ2019」では、芸術監督の津田大介さんが、参加作家の男女比を半々にすることで話題になりました。これまで美術大学に進学する数は男性より女性の方が圧倒的に多いにも関わらず、アーティストとして美術館に作品が収蔵されたり国際芸術祭に参加するのは断然男性が多いという、不均衡な土壌を是正するためのもので

した。これは、公平な芸術祭ひいては社会をつくるための創造的な
ルールづくりと言えるでしょう。作品のつくり手の属性や背景に偏り
があるということは、否応なくそのメッセージにも偏りがあることを
意味します。アートに限らず、政治におけるジェンダー平等について
日本は世界146か国中125位（2023年時点）と大きく遅れをとって
いることが度々話題になるように、公平な社会をつくるには、ルール
メイキングに関わる声を公平にすることから始める必要があります。

　ある目的を達成するための手段としてルールを使うことが、創造的
であると評価できる場合もあります。日本では健康保険証や運転免許
証の裏面には臓器提供の意思表示をすることができますが、このよう
に特別な同意がある場合に提供するオプトイン方式ではなく、特別な
意思表示がない限り、提供に同意したものと見なすオプトアウト方式
を採用するフランス、スペイン、北欧諸国があり、そのような国々で
は高い臓器提供同意率を実現しています。このような自由な意思表示
を確保しつつ、デフォルト設定により望ましい結果を実現する手法を
行動科学では「ナッジ理論」と呼びますが、このようなナッジの実現
を法律というルールで促すことが可能です。
　公共建築の予算のうち、数パーセントをアートなどの文化予算とし
て組み込むことを条件づける「パーセントフォーアート法」がEUや
米国の一部の州で導入され、日本でも法制化の議論や自治体での条例
化の動きがあります。古くから残る町の景観を維持するためのデザイ
ンコードをまちづくり条例として条例化した神奈川県・真鶴町の「美

の条例」[→126頁] や、すべての人
が自分らしく生きられるインク
ルーシブなまちづくりを実現する

＊10　明石市ホームページ https://www.
city.akashi.lg.jp/seisaku/sdgs/inclusive_
jourei.html

ための明石市のインクルーシブ条例 [＊10] のような例も、この具体
例として挙げられるかもしれません。

　契約等により土地の上空を権利化してそれを売買する空中権[→142
頁] や、施設に企業名等をつける権利を販売することで収益を生む命
名権なども創造的なルールを目指したひとつの試みと言えるかもしれま
せん。

○制約が工夫を生み出す

　ルールには、制約や制限を課すという側面があるのは事実です。
ルールはしばしば、誰かすでに権力を持つ人が決めて、それ以外の人
の創造性を制約してしまうものと考えられがちです。ここでは、創造
性とは一見相容れないように思える制約・制限に対して、どう立ち向
かうかという視点から、整理してみましょう。

　私たちが処理できる認知能力や意思決定能力には、限界があります。
また、その能力も人によって異なります。そのため、集団に向けた
ルールの場合、与えられる選択肢が多すぎると、そのことに戸惑い選
択ができなくなってしまう人が出てきます。広すぎる自由は、人や組
織をかえって不自由にすることもあるのです。そんなときは、考える
領域を絞り込むことで、思考をはたらかせることができます。

　さきほどルールには自由を制約する側面と確保する側面の二面性が

あると言いましたが、適切な制約を課すことは、そのルールをつくった先にあるビジョンや目的に対するそれぞれの人の関与度を高め、そのことによって思考や行動の自由を担保してくれます。法律や契約というルールは、私たちの行動を制限するというイメージがあるかもしれませんが、私たちのあらゆる行動を規定するものではありません。つまり、「ここまではやってよい」「その範囲内では自由に動いてよい」という自由を確保するものとも捉えられます。

　では、「適切な制約」とは具体的にどういうものでしょうか。それには、いくつか考えなければいけないことがあります。まず、ルールを受け取る人のキャパシティの問題があります。そのルールを解釈するための知識や文化をどれくらい共有しているのか。身体・認知的に対応できるものになっているのか。書いていないことをやっていいと捉えるのか、やってはいけないと捉えるのかは、そのルールが適用されるコミュニティの文化にも大きく左右されます。ルールを与えられるものとしか考えられないことは思考停止にもつながり、書いてあることをそのまま受け取ってしまう姿勢は、ルールに潜む創造性の種を潰してしまっている可能性があります。

　私たちが何か新しいことを実現しようとするときには、お金や時間、環境、人的リソースなど常にさまざまな制約に直面することが多くあります。これらの制約に対して、どうにか乗り越えたり調整したりしながらプロジェクトを前に進めていく必要があるわけですが、この制約に対応しようとする際に、私たち自身の創造性が発揮され、さまざまな工夫が生み出されていることがあります。実際には、意図的に制

約を利用して新たな創造を行うものと、意図的ではないが結果的に制約を乗り越えているものがあります。

　プロジェクトにとっては予算の制約というのも、結果として創造性が生まれる機会のひとつです。しばしば予算が潤沢にあるプロジェクトよりも、予算に制約があるプロジェクトのほうが面白くなると言われます。これはプロジェクトを進めていくうえで直面する問題に対して、経済的な解決方法を取ることができないという、選択肢が少ない状況を打破するために、頭を使って工夫することになるからでしょう。また、お金に関わらず「無い・足りない」けど「解決したい」という状況が、人を工夫へと駆り立てている例はさまざまな場面にあふれています。

　たとえば、音楽家のすぎやまこういちさんは、ゲーム『ドラゴンクエスト』の音楽を作曲する際、当時（1986年）のハードウェアだったファミリーコンピュータの同時に４音までしか発音できないという制約（そのうち一つは効果音のため実質３音）の中で、オーケストラに聞こえるような音楽を生み出しています。また、予算やコストに関する制約に対しての考え方として、かつて任天堂株式会社でさまざまな製品・ゲームソフトの開発に携わっていた横井軍平さんは、「枯れた技術の水平思考」という言葉を残しています。この言葉は、すでに使い古された技術について、別の使い方を考えることで新しいものを生み出そうとする考え方を表しています。使い古されたものは技術的に確立されているため、安価で、メリット／デメリットも出揃っているため応用がしやすいという利点があります。横井さんがかつて光線銃の玩具を開発した際には、光センサーなどではなく太陽電池と豆電球を

＊11　中村敏雄『オフサイドはなぜ反則か』（増補版、平凡社、2001年）という本には、オフサイドという制約的なルールにより、サッカーというスポーツの競技性や魅力がいかに増していったか、ということが書かれています。

使用して、光に反応する性質を利用してセンサーのような使い方をすることによって低コストで実現しています。

　スポーツやゲームの世界では、あえて制約をつくることによってゲーム性や娯楽性を増している事例が多くあります。たとえば、サッカーは基本的に足のみでプレイすることで娯楽性を増しているわかりやすい例です[＊11]。また、ラグビーは非合理的とも思える形状の、ランダムに跳ねるボールを扱うことでゲーム性を増しています。このように、スポーツをより面白くするためにあえて制約の大きいルールを設定するということもありますし、マラソンの厚底シューズや抵抗の少ない競泳水着の開発など、技術革新の影響に対応すべくルールが変わるということもあります。

■　ルールを使う創造性

　ルールは、そのルールが扱う状況において、ルールを守るべき人が読み解くことによって有効性を持ちます。そのため、その人たちに伝わるように、そのコミュニティで使われている文字や音声などの言語を用いたり、時にはピクトグラムや色などの非言語的要素を用いてデザインされています。ルールは、時代や文化を超えることができ、ルールが規定する条件を自分に引き寄せて解釈し、自分の能力や表現を伸ばす方向で使うこともできます。ここでは、ルールを使う過程で

生まれる創造性について考えていきます。

　たとえば、楽譜を例に考えてみましょう。楽譜は、使用する楽器・音の長さ・音程・テンポ・音量などのパラメータが一定のルールで記述されたものです。このルールを守っている限りは、数百年前に全く異なる国でつくられた曲を演奏することが可能になります[図9]。作曲者は、記譜のルールを学び使いこなすことで、つくった曲を記録し、後世に広く遺すことができます。また演奏者は、そのルールを学ぶことで楽譜に書かれた内容を理解して演奏することが可能です。また、現代音楽の分野などでは、記譜のルールをデザインするところまでを作曲の範疇とすることで、これまでのルールでは表記できなかった音の配列や演奏指示などを可能にし、表現の幅を広げようという試みをしています。記譜の仕方に独自性が強くなると、解釈に委ねられる余地が多くなるため、曲の普遍性や再現性の概念が変化してきます。

図9　800年代半ばに作曲されたショパン「24のプレリュード第7番 Op.28」の楽譜の一部

　楽譜は、音の配列に関しては厳密に書かれている一方で、テンポや音量変化などは、たとえば「crescendo（だんだん大きく）」という表記にもあらわれているように、主観的な解釈の余白を残しています。それによって、演奏者や指揮者が異なれば、同じ楽譜でも全く異なる

演奏になりますが、楽譜に表記された音の配列が厳密にあることで、曲の同一性が担保されながら、多様な表現を可能にしています。演劇の世界で言えば、戯曲（演劇など舞台表現のための台本のこと）は記述され保存されているため、昔の作品でも上演することができます[図10]。たとえば、シェイクスピアは亡

図10 ウィリアム・シェイクスピアが1590年前後に書かれたとされる最初期の悲劇『タイタス・アンドロニカス』の最初のページ
The University of Edinburgh Heritage Collection, CC BY 3.0, via Wikimedia Commons

くなって400年以上が経ちますが、彼の作品は今なお世界中で上演されています。それらの作品は、国や文化、世代を超えて上演し続けられてきたため、作品の共通理解のもとで観客や批評を集めやすく、同時に戯曲に書かれていないこと、たとえば現代や異なる文化の文脈でどのように翻訳するかなどが、演出家の作家性の発揮しどころとなっているといえます。楽譜や戯曲というフォームが長年に渡り残ってきたのは、制約と余白のバランスがそれを解釈する者にとってほどよいバランスであり、創造性が高いものが生み出される可能性が高いから、という仮説も立てられるかもしれません。

　他の例もみてみましょう。たとえば茶道には、茶を立てる手前や、道具の扱い方、ふるまい方や飲み方まで、一つひとつ作法があります。それは「型」と呼ばれます。茶道は口伝によって継承されており、所作を見習うことで体得していくという特徴があります。また、茶道や

武道の修行では、「守破離」として知られるように、型を「守る」ことから始まり、自分に合った型をつくることによって既存の型を「破り」、最終的には既存の型を「離れ」て新たな道を創造するという3つの段階で表されます。茶道は四畳半の茶室の中で厳格にふるまいを定める一方で、茶碗の色や柄までが決められている訳ではありません。茶道が人をもてなすものであるという性質や、茶碗などの茶道具や掛け軸、花などに主人が意味を込め、客人がそれを読み取るといった余白を楽しむ文化であることは、数多くの流派に枝分かれしながらも受け継がれていることと無関係ではないでしょう。

　料理のレシピについても同様のことが言えるでしょう。レシピは、材料の分量や加工方法の手順を明確に記述しておくことで、誰でもその通りに実行すると料理を再現することができる仕様書のようなものです。しかし、レシピの中には加熱時間や切り方、調味料の構成比率や食材の選び方まで多くの変数があるため、同じ料理でもさまざまなレシピが存在しています。

実際にオンラインレシピ共有サービスなどを見ると、同じ料理について無数のレシピを確認することができます。その中には、肉の替わりに豆腐を使うなど、メインとなる食材自体を代替しているレシピも多く存在

しています。そのような視点から考えると、レシピを使いながら自分のやり方で料理をつくることは、特定の料理という大きなフレームは逸脱しないままどう変数を定義していくかという、ルールのディテールによって多様性を生んでいる例ともいえます。

　ゲームやスポーツもルールが根幹にあるため、世界大会などで世界中で同じルールの元にプレイヤーが競うことが可能となります。多くのルールはそれぞれの競技を束ねる国際連盟により規定されますが、国際大会になると独自のルールが設定される場合もあります。たとえば、サッカーにおいては、ホームで戦うチームとアウェーで戦うチームの合計得点が同じ場合、アウェーで決めた得点が高いほうが勝つという「アウェーゴール」方式が採用されていました。これは、ゲームとは直接関係ない、環境要因や人間の心理面を考慮したルールといえます。しかし、近年はサッカーのスタイルが均一化されプレースタイルに差がなくなってきたことで、ホームのアドバンテージが昔よりなくなってきており、むしろ不公平という批判があるとの理由で、欧州では2021年に廃止され、日本も2023年に後に続きました。

　またゲームの場合は、世界中で流通するタイトルに関して、さまざまなプレイヤーが実況しながら特定の場面をクリアする方法や全プレイ過程を公開する動画配信は、新たなゲーム文化とも言えるほどのコンテンツになりました。しかし、著作権法の抵触やネタバレへの懸念などから、各ゲーム会社が配信ガイドラインを公開するようになりました[→134頁]。これは、プレイヤーが個人的な体験であるゲームプレイの範疇を超えて、プレイ行為そのものにコンテンツ性を見出して

いった結果によるもので、プレイヤーがメディアを持つ時代のコンテンツの二次利用のルールについて考えさせるものです。

■　ルールを見直す創造性

　ルールをつくることは、物事の枠や外縁を生み出したり、線を引く行為でもあります。一方で、ルールがその枠や線を可視化することで、逆に枠や線をはみ出すことができます。ルールがあったり、明確化されていることにより、どこから先に行けば新しいのかがわかるようになり、新しさが可視化される面があるのです。そして、線や枠をつくると、そこから一歩はみ出たくなる人が出てくるものです。ルールとは少し違いますが、特許や学術論文についても、それらによって先行技術や知見の新規性・進歩性がいわば「ピン留め」されることになり、後発のイノベーションを生み出しやすくする機能があると言われています。これは人間に備わった好奇心やフロンティア精神によるものなのかはわかりませんが、ルールにはこのような制約や設定された線や枠を一歩越えようという人間の創造性や新たな問いを生み出す面があると言えます。

　すでに茶道の例を挙げましたが、俳句や漫才も「型」があることで創造に参加する人が多い例と言えるでしょう。たとえば俳句は、五文字・七文字・五文字で語句をつくり、季語を入れるという基本的なルールがあります。それに加えて、書き手が思い描くものを言い過ぎず、読み手に情景やそれがもたらす余韻・余情を感じさせるためにあえて言葉を切って余白を設ける「切れ」というルールもあります。そ

こから、あえて型を破ることに意味を持たせたり、五七五の定型や季語に縛られず自由に感情の動きを表現する自由律俳句が生まれていきました。漫才も、二人一組で演じられ、ボケとツッコミという役割で成り立っているのが基本形ですが、最近では8人で漫才をするユニットもいますし、途中でボケとツッコミが入れ替わったり、その役割を両者が担うダブルツッコミ・ダブルボケになったり、そもそもそのような役割分担が存在しないなど、従来の「型」が見直されてさまざまな展開が生み出されています。

　最近では、表現のカテゴリーを越えてルールを破る≒見直す行為がそれまでになかった創造性を発揮する例もよく見られます。たとえば、「第四の壁」は、もともと演劇業界で用いられる概念で、舞台と観客を隔てる透明な壁のことを指します。舞台奥に一つ目の壁、両脇に二つ目と三つ目の壁、そして舞台正面と客席の間にあるのが、四つ目の壁です。通常、演劇において演者は、観客をいないものとして作品が進むため、この「第四の壁」を越えることはありません。それに対し、演者が観客の存在に言及したり、場合によっては直接的に話しかけたりすること、つまりフィクションの世界を越えて現実世界に働きかけることを「第四の壁の破壊」と言います。この手法は、演劇だけでなく、映画や映像、漫画やアニメ、ゲームなど、幅広い分野で用いられてきました。特に最近では、メディアやカテゴリーを越えた創作が増えていることに加えて、前述のように観客もメディアを持つ時代となったことにより双方向性がますます重視され、観客に主体的にコンテンツに参加してもらうためのルールの越境はますます増えてくると

言えるでしょう。

　ルールを見直すことが創造につながる例は、芸術の世界に限った話ではありません。以前サッカー日本代表監督だったヴァイッド・ハリルホジッチ監督と、イングランドの名門チームアーセナルを長年率いたアーセン・ベンゲル監督の対談［＊12］では、日本人に足りない点が議論になりました。その議論のなかで二人に共通していた意見は、日本人には「ずる賢さ」が足りないという点です。二人は「なぜ日本人はペナルティエリアで転ばないのか？」と言います。日本人はそれを悪いことのように考えるが、そうではなく、サッカーというのはそのようにルールを最大限自分の方に引っ張るスポーツであり、それは知性の証明なのだ、と言いました。それに加えて、そのようにルールを引っ張っていかないと、サッカーというスポーツ自体の進化も止まってしまうんだ、と二人は声を揃えます。日本人には希薄な感覚かもしれませんが、ここにはルールを破ることで、そのルールを見直し、ルール自体を洗練させていく、それによりサッカーというスポーツ自体も進化していく、という「ルールを破って育てる」視点が垣間見られます［＊13］。近年では、サッカーにVAR（ビデオ・アシスタント・レフェリー）という技術が新しいルールとともに導入され、サッカーの

＊12　特別番組「UEFA EURO 2016TM ハリルホジッチ 大会総括リポート　アーセン・ヴェンゲル緊急参戦！」WOWOWプライム（2016年8月6日放映）より

＊13　サッカーにおける「ファウル」は選手の反則行為を指しますが、反則行為のなかでも単にプレーが止まり、相手のボールになる行為から、イエローカードやレッドカードが出る行為までグラデーションがあります。「あそこはファウルで止めるしかありませんでしたね」等としばしば言われるように、ルール内の一定の反則行為は戦術として許容されているばかりか、ある種の「巧さ」や「ずる賢さ」として賞賛される場面すらあります。

ルールだけでなく、サッカーというスポーツの楽しみ方も変わりました。[図11]

（ビデオ）ゲームなどの世界では、プログラムなどを改変するなどしてキャラクターのパラメータや操作性能を格段に向上させてしまう不正行為のことを

図11　サイドラインモニターでプレーを確認するメジャーリーグサッカーの主審。
SounderBruce, CC BY-SA 4.0, via Wikimedia Commons

「チート」と呼んでいます。チートを行う側の動機としては、勝負に勝つことや高いスコアを得るということにありますが、そもそもゲーム自体が時間や経験を積むことによって困難を段階的に獲得していくところに遊びの面白さがあるため、制約を気にしなくて済むようにしてしまう「チート」は、ゲーム自体の面白さを消してしまうことにつながります。一方で、「チート」と元々のルールから除外された人が代替的な方法を用いることとは区別されなければなりません。たとえば、以前はeスポーツの大会において改造コントローラーは、チートと見なされ禁止されることがありました。しかし「CAPCOM Pro Tour」は2019年にルールを改定し、公平性が担保された範囲において、コントローラーの改造が認められるようになりました。公式ルールには、「選手の置かれた環境や、身体的な特徴、個性、その他やむを得ない理由によって、そうせざるを得ない事象が有ることを認めるからである」と記されています。これによって、一般的なコ

ントローラーを操作することができない障害のある人も参加が可能となりました。公平性や優位性の議論は今後も続くでしょうが、これはゲームの新たな地平を拓く見直しとも言えるでしょう。

○ルール破りの「功罪」

　このような「ルール破り」における創造性は、私たちに「ルールを破る自由」があることを前提としています。取引等においても、一度契約を結んでこういうルールで取引しようと決めた後で、他でもっと良い条件が見つかったら、最初の契約を破棄して別の契約を結ぶことは自由だという考え方が特に欧米では一般的です。たとえ契約違反により損害賠償金を支払うことになっても、それを支払ってもなお新しい条件のほうが得だと判断できれば、契約を破る判断が尊重されます。契約を破られたほうも損害賠償金によって填補されれば損はしません。近代の契約法はこのように「契約を破る自由」を認めることで、社会全体の功利を最大化してきたという評価があります（このような違反行為を「Efficient Breach（効率的な違反）」等と呼ぶことがあります）。

　もちろん、このような「ルール破り」を推奨することは、ルールが規範として機能しなくなる等の問題点もあります。また、ルールに違反する者に対する制裁をしっかり執行することも社会秩序や公平性の観点から重要です。

　しかし一方で、そのような行為により発覚したルールのバグ（欠陥）は、そのルールをより良いものに更新していく機会を与えます。たとえば、「ふるさと納税」という仕組みは、自らの本来の納税地にか

かわらず、故郷や応援したい自治体に対する寄付を促進するという制度の趣旨において画期的な制度ではありましたが、制度趣旨とは異なる運用・悪用もあり、さまざまな批判にさらされています。しかし、このような悪用も長期的な目線で見れば、この制度をより良い制度に変えていくための契機として捉えることも可能でしょう。ソフトウェアの分野では、ソースコードのバグ・欠陥を発見する行為に対して優秀なプログラマーとして賞金を与えたり、人材獲得につながったりすることが日常的にありますが、それと似た発想です。ルール違反は、社会の中で悪者とされがちですが、ルールの逸脱者やその逸脱する行為は、長期的に見ればルールというプログラムの「デバッカー」として捉えることも可能であり、何かしら社会が前進するための手段として行われる場面においては、ルール破りやルールハックはルールを更新していくものとして許容されうることになるのです。

　もちろん、こうしたルールの穴を突くような行為は、当該ルールをより穴のない──適用される私たちにとって余白のない──、厳しい・息苦しいものに変化させる可能性があり、実際にそのように変化させてしまうことが多いのもまた事実です。また、ルール破り自体が目的化してしまうのは問題です。しかし、ルール破りにはそのような問題とは別に、「ルールを破って育てる」というルールを見直す契機が含まれていることも事実です。ルール破りを単に問題として捉えるだけではなく、未来に活かしていく視点も併せ持つことが大切なのではないでしょうか。

■ ルールを更新する創造性

　ルールを見直し、時に破ることの創造性について見てきましたが、それだけでは過渡的なものであり、ルールが無効化したあとの「荒れ地」には新しいルールが必要です。ただ規制を緩和する、ルールをなくすだけでは、社会は無法地帯になってしまいます。ルールを見直す場合には、ただルールを破るだけで終わらず、そこに新しいルールをつくるなど、ルールを「更新」していかないといけません。たとえば、電動キックボードが登場してきたときは、道路交通法および道路車両運送法について規制緩和するか否かの問題として論じられましたが、そこで本質的に必要だったのは、電動キックボードが既存の「原動機付自転車」に該当するか否かではなく、電動キックボードという新しく社会に広がったモビリティについての新しいカテゴリー、そしてルールをつくるべきか、仮につくるべきだとして、それはどのようなルールにすべきかの議論だったといえます（道路交通法の改正により「特定小型原動機付自転車」という新しいカテゴリーが設けられました）[→150頁]。ここでは新しい技術やサービスが出てきたときに、ルールを見直し破る創造性と、ルールをつくっていく・実装していく創造性は異なるのか同じなのか、どちらが優先されるべきなのか、という議論がありえます。

　現在、音楽はSpotifyのようなサブスクリプション・サービスで楽しむのが一般的になっていますが、以前はCDを購入したり、音源データをダウンロードして楽しむのが一般的でした。しかし、1999年に生まれたNapsterというソフトウェアまたはサービスは、P2P

技術を用いたファイル共有の仕組みで、音楽ユーザーは音源データを
この革新的なサービスを利用して、各自の音源データを交換し、爆発
的にユーザー数を伸ばしました。その後もP2P技術を用いたファイ
ル共有の技術やサービスは発展し続け、パイレーツベイなどさまざま
なファイル共有サービスが生まれましたが、これらのサービスは既存
の音楽産業から著作権侵害により訴訟提起され、敗訴したことにより、
次々とサービス停止に追い込まれました。

　その後に出てきたSpotifyは、初期にはP2P技術を使っていました
が、これらのサービスが既存の音楽産業と正面衝突している横目に、
音楽の享受の形態をダウンロードではなくストリーミングに変更した
のに加え、Spotifyの株式をレコード会社などの既存の音楽産業にも
割り当てる等の取引をすることで訴訟になるのを回避し、新しい音楽
サービスの形や音楽の所有の形を社会に実装することに成功しました。

　NapsterとSpotifyの対比が興味深いのは、Spotifyの成功は
Napsterらのルールを破る創造性がなければ成し遂げられなかった
と思われる点です。一方で、Spotifyによる音楽を楽しむ新しいルー
ルの定着がNapsterよりも創造的であったかと言われれば、そうい
うことではないでしょう。これらは一緒に成し遂げられる場合もあり
ますが、厳密には別の創造性といえます。

○ルールリテラシーとルールコンピテンシー
　物事のルールがどうなっているかを把握することは重要なことです。
ゲームやスポーツでは、ルールを理解することが、そのゲームで勝っ

たり楽しんだりすることにとって重要です。また、ビジネスにおいても当該分野の法規制等のルールを把握しておくことは不可欠ですし、社会を生きるうえでも法律などのルールを知っておくことは重要なこととされています。ただ、たとえばインターネットやSNS上での行動に関わるものとして著作権法や個人情報保護法といったルールがありますが、こういったルールは法律の素人には複雑になりすぎているように思われます。これに対して、著作権や個人情報保護のルールは大切なので、それらを知って理解度を上げようと、自ら勉強したり、あるいは教育や啓蒙の重要性が説かれることがあります。そのようなアプローチを本書では「ルールリテラシー」と呼びます。

　たしかに、ルールリテラシーのアプローチは大切ですが、一方でこのようなアプローチにも限界があることもまた明らかになりつつあるように思います。ルールリテラシーが強調されすぎると、ルールの「可塑性のなさ」という悪い性質が前景化してくるのです。ここでの可塑性とは変形しやすい性質のことで、ルールの可塑性のなさとは、ルールを「上から与えられるもの」「押し付けられたもの」「変えられないもの」という前提で捉えてしまい、自分たちの生活や社会を良くするためのツールとして、あるいは「自分のこと」として捉えられなくなってしまう私たちの認識の性質をそう呼んでいます。そればかりか、このようなルールリテラシーのアプローチは、中途半端に学ぶことで不十分な理解のために知識が硬直化し、SNSで独りよがりの正義を掲げて他人を攻撃する書き込みをしたり、ネット炎上が起こりやすくなる状況を発生させたりもしてしまいます。そこで、重要になってく

るのが、本書では「ルールコンピテンシー」と呼ぶアプローチです。

「コンピテンシー」とは、その人が持っている能力や専門知識を使って行動を起こす行動特性のことを指します。ルールの知識（リテラシー）が十分ではないときには、まずそのルールについて対話したり、意見を言ったりという行動を起こし、参加・関与していくという主体性こそが大切です。このような力や行動特性を「ルールコンピテンシー」と呼べると思います。

たとえば、学校生活において一般的な「廊下を走ってはいけない」というルールが、先生から言われて強いられるものなのか、自分たちが決めたルールなのかで、そのルールを使う私たちの受け止め方は大きく変わってきます。ルールをどのようにつくったのか、その過程に参加・関与したか（しようと思えばできるのか）、手続きの透明性が確保されているのかも重要です。ルールリテラシーも重要ですが、いま私たちに不足しているのは、ルールを「自分のこと」として捉える視点だったり、ルールの「受け手」ではなく「つくり手」になったり、そこに参加できるという感覚や場合によってはその過程を楽しむ能力であるルールコンピテンシーなのではないでしょうか。もちろん、ルールリテラシーが不要ということではなく、ルールリテラシーとルールコンピテンシーは相互に補完的なものです。ルールリテラシーだけではなく、ルールコンピテンシーが必要であるという認識を増やしていくことが、ルールの更新における創造性にとっても大切になるはずです。

○民主主義とルール（トップダウンかボトムアップか、ルソー型かプラグマティズム型か）

　ルールは、どのようなルールにするかという「内容」だけでなく、ルールを「誰が」「どのように」決めるのか、ということも大きな問題になります。これは一言で言えば、政治の問題とも言えます。君主制の時代には、君主がトップダウンでその国のルールを決めていました。現在でもイスラム教の国々の法律は、コーランや預言者ムハンマドの言行を一部のイスラム法学者が解釈することによってつくられています。一方で、近代以降、民主主義国家においては、国民がみんなでその国の法律を決めていることになっています。日本でも、選挙で国会議員という代表者を選び、その代表者が国会において法律というルールをつくる、いわゆる間接民主制を採用しています。

　しかし、実際のところ、日本の法律は、国会ではなく、実は所轄官庁における草案の作成段階で多くのことが決まっています。日本では、国会議員が立法する議員立法が少なく、所轄官庁が草案を作成し、内閣が代表して国会に提出する内閣提出法案がほとんどなのです。具体的には、各省庁における法律案の原案作成があり、内閣法制局の審査、そして国会提出のための閣議決定を経て、国会に提出され、その後に法律案の内容が変更されることは極めて異例です。

　この法律案の原案作成は、各省庁の政策目標を実現するために、当該省庁の担当課長または課長補佐級の官僚の調査や問題意識に基づき、有識者による審議会等を経て作成されることが多いですが、首相を含む政治家等のトップダウンの指示を契機とする場合もあります。加え

て、日本を含む間接民主制を採用している国々では、法律のユーザーである国民がその制定に関わったり、意見を言うことができる機会は極めて限られているのが現状なのです。

このように立法や法改正等の政策に関するアイデアは、担当する官僚の問題意識に依存しているところがありますが、この草案作成の前段階には、「ロビイング」や「パブリック・アフェアーズ」と呼ばれるアドボカシー活動が影響を与えることがあります。ロビイングは、特定の利害や問題意識に基づき、政府や議員などと関係性を構築し、政策に働きかけを行うことをいいますが、限られた関係者の利害を反映した密室的なものとなりがちである点で批判もなされてきましたし、この言葉に良くないイメージを持っている方も多いでしょう。これに対し、近年パブリック・アフェアーズと呼ばれる動きがあります（「ロビイング2.0」などと呼ばれることもあります）。パブリック・アフェアーズは、政策・社会課題の解決に向けて、公正・透明な方法で、政府や議員のみならず、NPO・NGO、業界団体、有識者、世論等の多様なステークホルダーとの関係性を構築し、合意形成を行うことをいいます。ロビイングとは異なり、オープンかつマルチステークホルダー・プロセス（対等な立場の三者以上のステークホルダー間における合意形成、もしくはそれに準ずる意思疎通のプロセス）である点が重視されますが、実際のところその境界は曖昧です。このようなロビイングやパブリック・アフェアーズは、適切な形で利用すれば、官僚を含む政府のリソースやアイデア不足を補い、適切な政策形成（ルールメイキング）を誘導することができる可能性を秘めています。

民主主義は、社会全体でひとつの優越的・超越的な意志（一般意志）を追い求める社会契約論という考え方を下敷きにしていると説明されます。一方で、本書にも寄稿していただいている政治学者の宇野重規さんは、民主主義にもさまざまな形態がありえ、とかく選挙や議会政治といった自分たちから遠く離れた国政レベルの制度や仕組みとして捉えがちな民主主義像ではなく、名もない人々の経験や習慣に基づいた蓄積と軌道修正を重視する「プラグマティズム型の民主主義」への転換を主張しています。

　また、政治の問題というと、選挙や議会といった国政レベルの話を想起してしまいがちですが、政治はルールが存在する家庭、学校、コミュニティ、会社などさまざまなフィールドごとに存在しています。そのルールが良いルールになるか否かは、そのルールの内容はもちろん、そのルールを誰が、どのように決めるのか、という政治の問題と切っても切り離せない関係にあります。

　このようにルールを更新していく活動やそこに存在している創造性は、私たちの主体性や民主主義の根幹に関わるものです。私たちはルールをつくり、使い、見直し、更新し、また新しくルールをつくっていくことを繰り返すことを通して、創造性を育てていくことができるのではないでしょうか。

ルールのつくられ方（法令の場合）

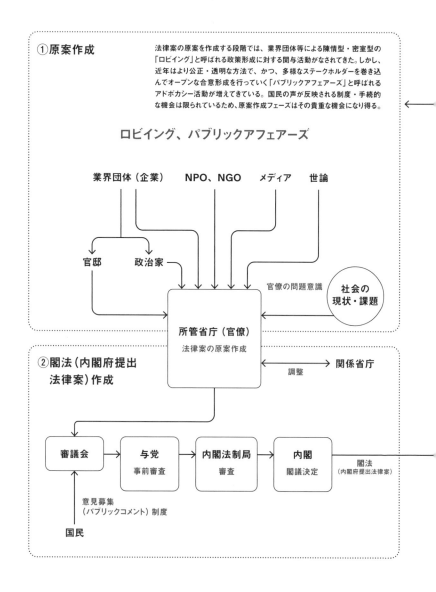

① 原案作成

法律案の原案を作成する段階では、業界団体等による陳情型・密室型の「ロビイング」と呼ばれる政策形成に対する関与活動がなされてきた。しかし、近年はより公正・透明な方法で、かつ、多様なステークホルダーを巻き込んでオープンな合意形成を行っていく「パブリックアフェアーズ」と呼ばれるアドボカシー活動が増えてきている。国民の声が反映される制度・手続的な機会は限られているため、原案作成フェーズはその貴重な機会になり得る。

ロビイング、パブリックアフェアーズ

業界団体（企業）　　NPO、NGO　　メディア　　世論

官邸　　政治家

社会の現状・課題

官僚の問題意識

所管省庁（官僚）
法律案の原案作成

② 閣法（内閣府提出法律案）作成

調整　→　関係省庁

審議会　→　与党 事前審査　→　内閣法制局 審査　→　内閣 閣議決定　→　閣法（内閣府提出法律案）

意見募集（パブリックコメント）制度

国民

⑤評価・検証・見直し

日本では法律が施行された後の評価、検証、見直しの
プロセスが統合されておらず、そのフェーズへの意識が
相対的に低い傾向がある。しかし本来は、一度つくった
ルールを評価・検証し、見直すことで、次のルールに
つなげていくというサイクルが重視されるべきである。

- ・内閣府の規制改革推進会議
- ・行政機関が行う政策の評価に関する法律
- ・総務省「規制の政策評価の実施に関するガイドライン（2017年7月改訂版）」

規制監督機関（ROB） ※日本には存在しない機関です

- ・規制影響評価（RIA）
- ・費用対効果分析
- ・データ・エビデンスに基づく政策形成（EBPM）
- ・多様な専門家（統計学、経済学、その他の社会科学など）による検証
- ・規制の仕分け・見直し
- ・見直し規定の導入（たとえば、個人情報保護法の3年ごとの見直し規定）

④施行

| 所管省庁 | 施行令、施行規則、ガイドラインなどの整備 |

③国会での審議、法律の成立・公布

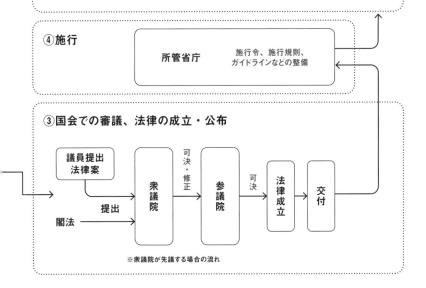

議員提出
法律案

閣法 ——提出——

衆議院 ——可決・修正—— 参議院 ——可決—— 法律成立 → 交付

※衆議院が先議する場合の流れ

「ルール?展」展示パネルを一部編集して掲載

民主主義社会における
ルールとは何か

宇野重規

■ 民主主義 vs. 立憲主義？

　ルールと民主主義の関係は、実はかなり難しい。

　もちろん、簡単に考えれば、何も疑問の点はないと思われるかもし
れない。民主的社会においてルールは、文字通り民主的に決定される
必要がある。大昔には、神がルールを定めるとされた時代があった。
伝統的な慣習がそのままルールになった時代もあった。そんな時代に
おいては、ルールはいわば外から「与えられる」ものであった。

　しかしながら、時は流れ、現在は民主主義の時代である。自分たち
のことは自分で決める。どこか自分たちの知らないところで、誰だか
わからないような人たちによって大切なルールが決定されるのは許せ
ない。民主主義を支えているのは、そのような感覚である。だとすれ

ば、いまやルールは自分たちで「つくる」ものにほかならない。裏返せば、社会の構成員が自分たちで決定し、それゆえに服従の義務を持つ規範や取り決めのことを「民主主義社会におけるルール」と呼ぶ。いたって明快だ。

たとえばフランスの思想家ジャン゠ジャック・ルソーは『社会契約論』で次のように述べている。「ほんらい法とは、社会的な結びつきをつくりだすためのさまざまな条件のことにほかならない。法を定めるのは、法にしたがう人民でなければならない。社会的な結びつきをつくりだすための条件を定めるのは、その結びつきに参加する人々の役割である」。さらに言えば、「法は国民の意志を記録したものにすぎない」とさえ、ルソーはいい切る（第一編第六章「法について」、中山元訳、光文社古典新訳文庫）。

もちろん、実をいえば、ルソーの『社会契約論』の議論はまったく単純ではなく、このあと例の「一般意志」とか「市民宗教」など、奇々怪々な概念が次々と出てくるのだが、そのことはここでは触れない。要は、法はそれに従う人々が定めるべきであり、法とはいわば人々の共通の意志を記録したものであるということだ。「民主主義社会におけるルール＝人々の共通の意志」、このシンプルな定義から議論をスタートしたい。

しかし、このように論じ始めると直ちに出てくるのは、「民主的に決定したからといって、それをそのままルールにしていいのだろうか」という疑問である。仮に民主的な手続きによってではあれ、とんでもない決定がなされることがある。たとえばいたずら者のA君に業

を煮やしたクラスメートが、「A君は教室に入ってはいけない」という
ルールを、（A君を除く）全員一致で決めたとすればどうなるか。A君
の勉強の権利を否定するこのような決定を、クラスのルールとして認
めるわけにはいかないだろう。いくら民主的な決定であったとしても、
個人や少数派の自由や権利を否定するルールは認められないからだ。
とはいえ、これと実質的には同じような性質を持つ排外主義的な法律
（社会の多数派が、自分たちの気に入らない少数派を排除する）が、
現在も世界各地で「民主的に」決定されている。民主主義だからと
言って、つねに「正しい」ルールをつくるわけではないのだ。

　このように、民主的な決定によってもなお犯すことのできない大原
則があることを強調するのが、いわゆる立憲主義である。民主主義が
きちんと機能するためには、一定の制約がなければならない。ちょっ
と難しいいい方をすれば、民主的な決定をすべてルールと見なすので
はなく、民主的な決定を拘束するさらに上位のルールがあると考える
のである。普通に考えれば上位のルールとは憲法がそれにあたるが、
さらに広く考えれば、民主的な社会が自らを維持するために必要とす
る根本的な諸原則一般を指す。「人々の共通の意志さえも拘束する、
さらに上位の根本ルールがある」という考え方である。

　このように「民主主義社会におけるルール＝人々の共通の意志」と
いう考え方と、「人々の共通の意志さえも拘束する、さらに上位の根
本ルールがある」という考え方の間で、これまで長く議論がなされて
きた。ある意味で、民主主義と立憲主義とで、緊張のある関係が続い
てきたと言えるだろう。

■　根本ルールを誰が決める？

　たしかに民主主義は絶対ではない。ときに民主主義は過ちを犯すことがある。だとすれば、民主主義を全能のものとせず、それをいわば外から制約する上位のルールを設定しておくことには重要な意義があるだろう。とはいっても、民主主義の時代なのに、それを制約するルールが、民主主義の外部に存在するという話は、どこかしっくりこないところがある。「ならば、その上位の根本ルールは、誰が決めるんだ」というわけである。

　教科書的には、立憲主義や法の支配を守るために存在するのが裁判官である。裁判官は憲法の規定に照らし、議会による立法がそれに反する場合、法の無効を宣言することができる。これを違憲立法審査権と呼ぶわけだが、「国民の代表である議会の議員が決めた法を、なぜ選挙で選ばれたわけでもない裁判官が無効にすることができるのか」という素朴な疑問がどうしても生じてしまう。もちろん権威の源は憲法にあり、裁判官はそれを解釈する権限を持つにすぎないのだが、それでも憲法という根本ルールを解釈するというのは、実に大きな権限にも思える。

　その意味で、現代の政治哲学は、民主主義によるルールの決定に外側から枠を与えるような根本ルールを、どのようにして導き出すかということに議論の一つの焦点がある。たとえばアメリカの政治哲学者ジョン・ロールズの『正義論』といえば、「正義の二原理」が有名だろう。その第一は「平等な自由の原理」であり、第二は、「公正な機

会均等の原理」の下における、もっとも恵まれない人の境遇を最大限改善するための「格差原理」である。これらの原理それ自体はここでは置いておくとして、問題は、そのような正義の二原理をどのように正当化するかである。

　ロールズはここで「無知のヴェール」という議論を使う。そのエッセンスは、「あらゆる人が、自分の置かれた境遇を考慮に入れずに合意できるルールは何か」である。もちろん現実の人間は、自分の性別や国籍、財産や社会的地位などを知っている。知っているからこそ、自分にとって有利なルールを求める。が、もし「無知のヴェール」をかけられて、自分がどのような人間であるかわからないとしたら、どうなるだろうか。ひょっとしたら自分は貧乏かもしれないと思えば、金持ち優遇は良くないと思うだろう。自分が差別される存在であるかもしれないと思うと、すべての人の平等な自由が大切に見えてくる。こうして誰もが自分の置かれた境遇を括弧に入れたうえで合意するはずのルールが「正義の二原理」というわけだ。自由で平等な個人からなる社会の根本ルールを、巧妙な思考実験によって、誰にでも合意可能なかたちで示したことにこそ、ロールズの工夫がある。

　民主的に決定したからといって、すべてがルールとなるわけではない。自由で平等な個人からなる社会の根本ルールは、民主的決定すらも拘束する。とはいえ、そのような根本ルールもまた、外から「与えられる」ものであってはならない。それでは、根本ルール自体をどうすれば、みんなが納得できるものにできるか。ここに問題の鍵がある。

■ ルールによるコミュニティを選ぶ

　現代は民主主義とルールの関係が、さらにダイナミックに転換している時代なのかもしれない。そのキーワードは「コード」である。「コード」とはもちろん、立法権や行政権が、国や組織の行動ルールを定めた法令である。と同時に、「コード」は、エンジニアがコンピュータを作動させるために組み上げたプログラムも指す。法令もプログラムもともに「コード」であり、両者はいずれも専門家によって構成され、編集され、修正される。社会の「コード」が急速に変化するなか、私たちは、あらためて自分たちの社会の「コード」（法令＝プログラム）であるルールのことを考えている。本書が扱う「ルール？展」もまた、そのような時代の要請によるものだろう。

　そのような新たな時代を迎えるにあたって必要な視点は、一人ひとりが「いかなるルールの下で暮らしたいか」ということではなかろうか。納得のいかない不当なルールの下で生きるのは、誰だって嫌だろう。そのためにこれまで民主主義が強調され、「自分たちの社会のルールをより良いものにするために、政治に参加しよう」といわれてきた。これ自体は、今もなお正しい命題である。

　しかし今日、リアルとヴァーチャルを含め、新たなルールが次々と生み出され、それに基づくコミュニティが生まれている。SNS上を考えてみよう。興味深いトピックやテーマがあれば、その議論に参加する人の数はあっという間に増加する。やがて加熱するとトラブルが増え、炎上騒ぎも起きるだろう。結果として雰囲気が悪くなると、参

加者は次第に減っていく。逆にいえば、うまく続いていくのは、適切なルールが形成され、強制されなくてもメンバーがそれに自発的に従うようなコミュニティである。

　結果として、異なるルールによって運営されるコミュニティが多数存在することを前提に、どのコミュニティのルールが居心地いいかを考え、より良いコミュニティへと移動を繰り返しているのが、現在の私たちである。言い換えると、いまや「自分にとって納得のいくルールのコミュニティに移動するのが民主主義だ」というのが、私たちの新たな実感なのかもしれない。

　もちろん、実際には、所属するコミュニティを変えるのは容易ではない。特に、住んでいる地域や、所属する組織など、リアルのコミュニティについては、いったんメンバーになると抜け出すにはそれなりのコストがかかる。決して自由に出入りできるわけではない。まして他の国に移住することが可能なのは（あるいはそうせざるをえないのは）、一部の人に限られるだろう。

　とはいえ、現代のように日々新たなルールが生まれ、それに基づくコミュニティが形成される時代において、自分にとってより居心地の良い、より納得のできるルールの下で暮らしたいという欲求は、ますます強まっているのではないか。その意味で、ルールは「与えられる」ものから「つくる」ものへと変わり、いまや「選ぶ」対象になりつつある。民主主義の本質は、「自分たちのことは自分で決める」である。決めるのはルールだ。この民主主義の本質を現在に生かすならば、より多様なルールを選ぶことができる、より柔軟でダイナミックな仕組

みが今日の私たちには必要だ。民主主義とルールのよりダイナミック
な関係を考えていこう。

宇野重規（うの・しげき）
1967 年東京都生まれ。東京大学法学部卒業。同大学大学院法学政治学研究科博士課程修了。
専門は、政治思想史、政治哲学。千葉大工法経学部助教授などを経て、東京大学社会科学研究
所教授。著書に『政治哲学へ──現代フランスとの対話』（東京大学出版会、渋沢・クローデ
ル賞特別賞）、『トクヴィル──平等と不平等の理論家』（講談社学術文庫、サントリー学芸賞）、
『〈私〉時代のデモクラシー』（岩波新書）、『民主主義のつくり方』（筑摩選書）、『保守主義とは
何か──反フランス革命から現代日本まで』（中公新書）、『民主主義とは何か』（講談社現代新書、
石橋湛山賞）、『日本の保守とリベラル──思考の座標軸を立て直す』（中公選書）、『実験の民
主主義──トクヴィルの思想からデジタル、ファンダムへ』（中公新書 ［聞き手：若林恵]）など。

冗談を気軽には言わない

清水晶子

「気軽に冗談も言えないね」。

　仕事の場で、知人や友人同士の集まりで、共同での活動や運動の場で、ジェンダーだのセクシュアリティだのに関する冗談が交わされることがある。自分は女性ではない人たちによる、女性を見下して貶めるジョーク。その場に性的マイノリティなどいるはずがないという思い込みを前提にした、非異性愛者やトランスジェンダーへの偏見や蔑視に満ちた軽口。そのような冗談に抗議をしたり、たしなめたり、下手をすれば黙ったまま少し嫌な顔をしたりしただけで、「うわあ、怒られちゃった」「いちいち怖いなあ」「気軽に冗談も言えやしない」、そう言われた経験のある人は少なくないだろう。

　もちろん、気軽に冗談も言えないトピックや文脈は、私たちの社会にはいくらでも存在している。たとえば大事故や災害のような、人の

生活と生命とを根本的に脅かす悲劇的なことがらについて、私たちは気軽に冗談を言ったりはしない。重い病を患ったり、不幸や不運に見舞われたり、取り返しがつかないように見える大きな失敗をしたりした人とそれをネタに冗談を言い合う関係性もなくはないだろうけれど、それは誰もが気軽にできることではない。自分より社会的地位や権力のある人に冗談を言う時には、何を笑っても良くて何には触れるべきでないのか、慎重に判断する人が多いだろう。けれどもそういう場合に「気軽に冗談も言えないや」という不満が漏らされることは、まず、ない。

　だから、「気軽に冗談も言えない」が実際に伝えているのは、「この特定の話題についてこの特定の形でなら、いろいろ考えたり慮ったりせず好きにネタにして良いはずだったのに」というメッセージだ。この中なら好きに遊んでよかったはずなのに、そこに新しく変な決まりを持ち込まれるのは、窮屈だし迷惑だ、と。言い換えれば、少したしなめられたり抗議されたり何なら嫌な顔をされたりしたくらいで冗談が言えなくなってしまうとぼやく人々は、これまでのルールが更新されつつあることを感じている。女性を貶めても、同性愛者を侮辱しても、トランスジェンダーを嘲笑しても、これまでならそれはルールに従っていてOKだったはずなのに、突然ルールが変わってお前は違反していると言われるなんて酷い話だ、と憤慨しているのだ。

　ポリティカル・コレクトネス（政治的正しさ）に対する反発が被害者意識を伴いやすいのは、このためかもしれない。ルールに従う側はルールをつくっている側より弱くて、ルール違反をしたらボコボコに

やられるリスクに晒されている。少し前までよく目にした「ポリコレ棒で殴られる」という言い方が示しているのは、そんな感覚だ。「気軽に冗談も言えない」が恐れているのは、ルールを踏み外してボコボコにされることだ。つまり、自分たちはルールを遵守している、悪いことはしていないし誰に咎められる謂れもない、という安心感こそが、冗談の気軽さを支えているのである。

　偏見に塗れた冗談や侮辱的な表現、差別発言などへの批判を「ポリコレ棒で殴られる」として嫌う人々が、そのような批判に「それならどこまでがセーフでどこからアウトなのか、具体的にはっきり示せ」という要求で応じることが多いのも、そう考えれば腑に落ちる。ポリティカル・コレクトネスへの批判は、しばしば、表現／言論の自由の主張という形をとる。そのため、表現や言論になんらかの条件を課すような規則の完全撤廃こそが求められているのだ、という誤った印象を与えやすい。けれども実際のところ求められているのは、ルールのないところで思ったままを口に出したり気軽に冗談を言ったりする自由ではない。「ポリコレ棒で殴られる」危険を言う人々が欲しているのは、むしろ、それさえ遵守しておけばあとはいろいろ考えずに済むような、誰に咎められようが嫌な顔をされようが「別に何も悪いことはしていないでしょ？」と聞き流すことを可能にしてくれるような、気軽な冗談の安全な領域を明確に担保するルールなのだ。

　もちろん、以前であればただ笑って済まされたかもしれない冗談を問題化するようなルールの更新は、気軽な冗談の領域の担保を目的としてなされたわけではない。侮辱的な冗談や差別表現を問題視するよ

うにルールを新たにしていったのは、ルールに則っているはずのそれらの表現が特定のマイノリティにとって極めて有害で暴力的に作用することを、身をもって痛感していた人々だった。言い換えるなら、既存のルールそれ自体に圧倒的な偏りや不足がある。そのルールを遵守するだけで暴力を食い止めることは難しく、それどころか、そのような偏ったルールに従っていては、暴力の磁場を気軽な冗談の領域として温存することに加担しかねない。だからこそ、ルールそれ自体を更新し、新しいルールを加えていくことが、目指されなくてはならなかった。そのようにして、たとえば組織内のハラスメント規定だの、さまざまなガイドラインだの、時には法律だのが見直され、新しく整備されてきたのである。

　だとすれば、ポリティカル・コレクトネスをめぐる両サイド──侮辱的な表現や冗談に偽装した差別を「アウト」にしようと試みる側と、そのような試みを「ポリコレ棒で殴る」仕草として嫌悪する側──は、結局のところ、どちらも自分たちを守ってくれるルールを欲している点で同じだ、と考えるべきなのだろうか。しかし、フェミニストたち、クィアたちの歴史を振り返るとき、そこに見てとれるのは、自分たちを守るルールへのシンプルな渇望だけではなく（それは勿論あるだろう）、それよりもう少し緊張感のある「ルール」との関係である。

　既存のルールの範囲内で「正当に」侮辱されたり差別されたり排除されたりしてきた人々が侮辱に抗議すること、差別構造を変えようとすること、時には権利と生存とを主張することすら、それ自体がルールを逸脱するふるまいとなる。参政権を求める女性たちは当時の社会

にあっては「過激派」だったし、ウィメンズ・リブの「闘士」は明確に男性支配の体制の打倒を目指していた。ローザ・パークスは頑なにもルールを破って譲らなかったし、女は男と番うものだとされているにもかかわらず独り身を通したり女性を恋人やパートナーに選んだりした女性たちにとっても、ルールの遵守は最優先事項ではなかった。あるいは、女という性別で生きていくようにと指示されたにもかかわらずその性別では生きてこなかった人々にとって、生きることはすなわちルール違反だった。これらの人々にとっては既存のルールこそが暴力であり、ルールを破るところにこそ生が見出されてきたのだ。

　だからこそ、新しい規則、新しい制約へと向かうものとして──まさに「気軽に冗談も言えない」ルールをつくりだすものとして──想像され、表象されることが多いフェミニズムやクィアの政治は、実際にはそれとは反対に、ルールへの懐疑を常に抱え込んできた。もちろん一方で、既存のルールのもとでの暴力と排除への対抗措置としてルールの更新と新しいルールの制定とが必要とされるのは、事実である。「何のルールもいらない」とうそぶけるのは、ほとんどの場合、自分を守っているルールの存在を意識せずにいられるほどにルールの完全な庇護下にある人々であって、現行のルールがまさに自分の生を脅かしているのであれば、その暴力を食い止め、よりマシなルールに変えていくことが、まずは喫緊の課題になるのは当然のことだ。けれども同時に、たとえば性暴力の解決に際して司法と警察の力にどこまで依拠すべきかについて、たとえば私たちが暴力的、侮辱的、または搾取的などの理由で問題があると感じる性的行為やその表現をどう取り

扱うのかについて、フェミニストたち、クィアたちの見解は必ずしも
「ルールの策定と遵守」で一致するわけではない。むしろ、やむを得
ず緊急措置として更新されたルールがなお暴力として機能しうること、
それを遵守さえすれば誰にも咎められることない安全な領域を確保し
てくれるルールなど存在しないことこそが、フェミニズムやクィアの
政治が繰り返し指摘してきたことに他ならない。ルールは最終的な安
全や安心をもたらすものではないのだ。少数者に対して明確に暴力的
で抑圧的であるようなルールはもちろん、その状況を改善すべく更新
されたルールであっても。そして、ルールに傷つけられる側にとって
はもちろん、他者に対する暴力や問題となる行動を避けるべくルール
を参照したいと考える側にとっても。

　フェミニズムの理論家であるサラ・アーメッドは、フェミニストで
あることは興を削ぐ_{キルジョイ}存在であることだ、と言う。場の暗黙の了解に従
わず、空気を読まず、気軽な冒談を許さないこと。けれどもそれは、
単に従来と異なる新たなルールを持ち込むことではない。興を削ぐ_{キルジョイ}
フェミニストやクィアは、自分たちが必要としたはずのルールにもま
た安住しない。興を削ぐ_{キルジョイ}とはすなわち、侮辱や嘲笑が正当なものとし
て許されるはずの安全な領域を持たず、ルールの庇護から外れるとこ
ろで、笑い話では済まない冒談を言うことなのだから。私たちはルー
ルの更新を要求しつつ、同時に、ルールに疑いの目を向ける。私たち
は冒談を言うけれども、冒談を気軽には言わないのだ。

清水晶子（しみず・あきこ）
東京大学大学院総合文化研究科教授。東京大学大学院人文科学研究科英語英米文学博士課程修了、ウェールズ大学カーディフ校批評文化理論センターで博士号を取得。専門はフェミニズム／クィア理論。著書に『フェミニズムってなんですか？』（文春新書、2022 年）、『ポリティカル・コレクトネスからどこへ』（共著、有斐閣、2022 年）、『読むことのクィア──続 愛の技法』（共著、中央大学出版部、2019 年）、*Lying Bodies: Survival and Subversion in the Field of Vision*（Peter Lang Publishing, 2008）など。

社会制度と彫刻
ルール

小田原のどか

　彫刻史の先端で、彫刻は引き倒され続ける。

　ブラック・ライヴズ・マター運動（以下、BLM）は世界規模の抗議
行動となった。英国は南西部ブリストルでは、2020年6月に大規模
な反人種差別デモが行われた。その2週間前にアメリカ・ミネアポリ
スで黒人男性ジョージ・フロイドさんが白人警官に首を圧迫され死亡
した事件を受け、ブリストルのデモには1万人近くの抗議者が集った。
ここで引き倒されたのが、17世紀に奴隷売買で財を成した貿易商エ
ドワード・コルストンの立像だ。コルストンは、貿易会社「王立アフ
リカ会社」の一員として、8万人もの男女や子どもを奴隷としてアフ
リカ大陸からアメリカ大陸に運んだとされる。しかし、晩年に遺産を
多くの慈善団体に寄付したため、その名にちなんだ通りや彫刻記念碑、
建物がブリストルに残されていた。

コルストンの立像が引き倒されたのはデモの2日目のことだった。首に縄をかけられ、台座から引きずり下ろされたコルストン像は市内を引き回され、スプレー塗料で抗議が書き付けられ、ブリストル湾に沈められた。一方、空になった台座は、抗議者たちの臨時のステージとして活用された。コルストン像引き倒しの実行者4人は訴追されたが、現地の裁判所は無罪の評決を下している。弁護側の主張は、コルストンの彫像が人種差別的な憎悪犯罪に当たるというものだ。"歴史の正しい側"に立つよう訴えた弁護側の主張は（be on the right side of history）、陪審員に響いたようである。器物損壊とも取れる行為に対しての無罪判決は、多方面に話題を呼んだ。

　さて、ブリストル湾に投げ込まれた彫像は、市議会によって回収されている。ブリストル市長はWe are Bristol History Commissionを設立し、海から引き揚げられた像はブリストルミュージアムはM Shedの企画展に出品された。ここでは、書き付けられたスプレー塗料は洗浄されることなく、彫像は横倒しにされたまま展示が行われた。M Shedは展覧会の主旨を「われわれがどのようにともに前進するかについての意見を述べる契機 This is an opportunity to have your say about how we move forward together」と説明し、引き倒しまでの時系列を彫像と合わせて掲示した。2024年3月、コルストン像は同館の常設の歴史展示の一部となった。

　彫刻の歴史を振り返ってみよう。1506年2月にローマのぶどう畑の地中からバラバラの状態で発見された《ラオコーン》。1820年4月

にエーゲ海はミロス島で発見された、これまたバラバラの《ミロの
ヴィーナス》。路傍に立っている、首に修復跡が残る石仏。取り壊さ
れた宗教彫刻。政体の転換によって、規範の刷新によって、無数の彫
刻が引き倒され、破壊され、そしてまた発見されてきた。なぜか。な
ぜそのようなことが繰り返されるのか。それは「われわれ」が変わる
からにほかならない。「われわれ」が変わるとは、社会制度（ルール）が変わると
いうことだ。独裁者や植民地支配の遺産たる彫像の破壊は、それゆえ
に「われわれ」の可変性を示す指標でもある。

　さて、わたしの関心は、破壊の先にある。彫像が引きずり下ろされ
た空の台座、その空白の先に何があるのか。また別の彫像を据えるの
か、空のまま残しておくのか。あるいはまったく別の想像力が、空白
を満たすのか。まったく別の想像力、その発露が映画に見られる。
2020年に製作された映画『アンテベラム』（原題：Antebellum）は、
批評家筋からの評価はさほど高くはないホラースリラー映画だ。奴隷
制度を是とするアメリカ南部のプランテーションを舞台のひとつとす
る本作の主題は、反人種差別である。その意味で本作は、明確に
BLM以降の映画作品だと言ってよい。特筆すべきは、ロバート・E・
リー将軍像の台座が、物語の展開上、極めて重大な意味を持たされて
いることである。米国内のBLM運動によって削除された南部連合の
英雄ロバート・E・リー将軍の彫像は、その退場によって無数の空の
台座を生み出した。アメリカに生じたこの空白は、映画という虚構の
中で、新たな想像力を喚起している。

　ひるがえって、この国の空白はいかに満たされてきたのだろうか。

社会制度(ルール)の変化は、無数の彫刻を削除してきた。明治期の廃仏毀釈で、仏教弾圧の手法として仏像は破壊された。その数十年後、先の大戦中、国民的記念碑としての彫像が戦意高揚のため大量につくられるも、物資不足による金属回収により台座から降ろされ、戦争のための資源へと姿を変えた。1945年の夏、アメリカが投下した原爆は長崎に置かれた聖像の首から上を吹き飛ばし、敗戦後、GHQは戦中に多くつくられた軍国主義にくみする彫像をすみやかに撤去するよう日本人に示唆を与えた。軍人の騎馬像を掲げた空白の台座に、女性の裸体像が建立されるのは1951年のことだ。そうして無数の裸体像がこの国の公共空間を満たしていくが、いまでは女性裸体像への批判が引きも切らない。帝国主義・植民地主義を称揚する軍人の彫像は平和の女性裸体像へと転じ、その先に台頭したのがアニメキャラクターの彫像だ。2016年の熊本地震では復興の名目で、漫画作品『ONE PIECE』のキャラクターの彫像建立が相次いだ。都市の空白が彫像建立を求める現象を「スタチューマニア（彫像建立癖）」と称したのは、フランスの歴史家モーリス・アギュロンであった。この国のスタチューマニアは、まだまだ終わりそうにはない。

　世界規模のスタチューマニアに焦点を合わせれば、ロシアがウクライナへの侵略を正当化する宣伝として建立する「赤旗おばあさん像」や、韓国の抗議者たちが世界中に建立する「平和の少女像」は特筆すべき存在である。しかしやはり、これらを同様の現象として包括することには注意が必要だ。他者を侵略し、人権を踏みにじることを肯定するための官制の彫像と、そのような帝国主義への抵抗として、市民

運動の文脈から生まれ出た彫像では、性格も用途も大きく異なる。同様に、宗教対立による聖像破壊とBLMによる彫像引き倒しを、彫刻の破壊として同列視することはできないだろう。いま求められているのは、ときに彫刻を破壊し、ときに新たな彫刻を建立させる現象を、スタチューマニアとして一元化することではない。そうではなくて、スタチューマニアの内実を丁寧にときほぐしていく作業である。

　社会制度（ルール）と彫刻は密接に関わり合っている。だからこそ、彫刻を生み出す社会制度（ルール）が時代と場所によって大きく異なること、為政者の思惑、民衆の抵抗の意志、その固有の背景と文脈の差異を明らかにしていきたい。ルールとは絶えず点検・吟味・検討され、不断に変化するものである。そうして社会が不断に変化するいっぽうで、彫刻は永久設置の名目で建立されることがめずらしくない。だからこそその対比ゆえ、彫刻には、時代ごとの点検・吟味・検討の目がつねにそそがれる。削除と建立を繰り返しながら、「われわれ」がこんなにも変わっていくこと、変わっていけることをこそ、彫刻は教えてくれる。

　ゆえに彫刻史の先端で、彫刻は引き倒され続けるのだ。

小田原のどか（おだわら・のどか）
彫刻家、評論家、出版社代表。1985年宮城県生まれ。著書に『近代を彫刻／超克する』（講談社、2021年）、『モニュメント原論──思想的課題としての彫刻』（青土社、2023年）。共編著に『この国（近代日本）の芸術──〈日本美術史〉を脱帝国主義化する』（月曜社、2023年）。主な展覧会に「ここは未来のアーティストたちが眠る部屋となりえてきたか？　国立西洋美術館65年目の自問｜現代美術家たちへの問いかけ」（国立西洋美術館、2024年）、「あいちトリエンナーレ2019」など。経営する出版社「書肆九十九」から『原爆後の75年──長崎の記憶と記録をたどる』（長崎原爆の戦後史をのこす会編、2021年）、『彫刻2 ──彫刻、死語／新しい彫刻』（小田原のどか編著、2022年）を刊行。

第Ⅱ部　実践編

* 実践編の各項目タイトル部に「●」マークがあるものは、
　21_21 DESIGN SIGHT企画展「ルール?展」での
　展示作品であることを示す

21_21 DESIGN SIGHT企画展「ルール?展」展示風景　撮影：吉村昌也

実践編のはじめに

　ここまで、「なぜルールは必要なのか」という問いから、課題解決のための道具としてのルールに焦点を当て、つくる際に考えるべきこと、前提としている条件、つくられたルールを運用する際の対応からルールそのものを見直すまでの一連の流れについて示しました。そして、課題解決に留まらないルールの役割として「人間の創造性を引き出すツール」という視点から、ルールをつくる、使う、見直す、更新するという行為それぞれに関わる創造性についても取り上げ、ルールの、人を縛るのではなくポジティブに使える可能性について考えていきました。

　ここからは実際に社会の中でどのようにルールが機能しているのか、ルールをつくる、使う、見直す、更新するというカテゴリーにそれぞれ分けて、さまざまな事例や作品を紹介していきます。このカテゴリーは、本書でここまで書いてきた、ルールを考えていくうえでの視点に紐づく形で整理しています。「つくる」という工程では、一般的には「設計する」フェーズと「実装する」フェーズに厳密には区別が可能ですが、ルールは現実の物をつくるのではなく、抽象的な情報をつく

ることになるので、この区別はあまり意識されることはありません。そのため、設計と実装を分けず抽象的な言葉として「つくる」というカテゴリーを設定しています。また、一般的にはよくルールを「守る」という言葉が使われますが、本書ではルールは道具的なものであり、使い方自体を考えていくことが重要であるという考え方から「使う」というカテゴリーを設定しています。そして、ルールは一度つくって完成というものではありません。使いながら常に、社会の中でどのように機能しているか「見直す」べきものですし、時代や状況に合わせて適宜「更新する」ことで、より良いものになっていきます。アーティストが作品の中で軽やかにルールを超えた表現を行っていく様は、これまで露見してこなかったルールと社会の齟齬や穴に気づかせてくれ、新しいルールの可能性を示唆するものにもなっています。本書ではそのような考え方からルール自体の存在やあり方を「見直す」ことと、実際に新しいルールとして「更新する」という動きを分けてカテゴリーを設定しています。ルールに対する多様な切り口での取り組みを知ることで、実際に自分がルールをデザインし能動的に扱っていくためのヒントを与えてくれるものになるはずです。

企業が生むルール（規格） ●

〈製品〉

　ルールのつくり方・つくられ方には、大きくデジュールとデファクト、二つのアプローチがあります。

　デジュール（de jure）とはラテン語で「法律・規則上の」という意味で、何らかの公的機関によって明文化されることでつくられるルールを指します。一方で、デファクト（de facto）は同じくラテン語で「事実上の」という意味で、企業などの製品規格が社会に広く普及したために標準として扱われるようになったルールを指します。標準化されるまでのプロセスは、基本的にその製品の質や機能などが優れていたために広く普及するというように、市場に委ねる部分が多いものの、オープンソース（著作権等の権利の一部を開放することで、ソースコードの自由な改変や再頒布を公衆に許可するソフトウェア開発モデル）や特許プール（一定のメンバーに対して特許を自由に実施してよいとライセンスする仕組み）、FRAND（「Fair, Reasonable, And Non-Discriminatory terms and conditions」の略。必須特許の保有者が高額にならない合理的な使用料で誰もが平等に特許を利用できるようにすること）など、企業が権利を保持しつつ、あえて一定の範囲で権利を開放することで、戦略的に標準化を狙う例も増えています。

　このように、企業が開発した製品やシステムがルールとして社会に定着するには、2つのプロセスがあります。企業が単独で行っていた試みが公的機関によってルールとして定められる「デジュール・スタ

122

ンダード」と、製品が社会に広く普及したため、製品の機能や規格などが標準として扱われるようになる「デファクト・スタンダード」です。ここで紹介する具体例は、企業活動によってその後もユーザビリティなどの改善がされたり、いったん標準として普及するとそれ以外の選択肢を選び難くなる状況が生まれたりするなど、企業とルールの関係について考えていくためのヒントとなるものです。

■ シャンプーボトルのきざみ

　シャンプーのボトルにはきざみが付いており、視覚に障害のある人や障害のない人が髪を洗っている最中に、触っただけでシャンプーとリンスを判別できるようになっています。このきざみの規格は花王株式会社が開発し1991年に実用新案が出願されましたが、その後消費者が混乱なく使えるようにするため申請を取り下げ、業界各社にはたらきかけほとんどの商品にきざみが付くことになりました。その後、2000年にJIS規格の事例として掲載、2011年には日本の提案によるISO規格の事例として掲載されるなど標準化されました。現在では、全身洗浄料にラインが付き、各詰め替え用パッケージのフタにきざみが付けら

21_21 DESIGN SIGHT企画展「ルール?展」展示風景

れるなど、業界全体でさまざまな容器について統一した触覚識別ができるような動きが進んでいます。

■　QRコード

　現在世界中で日常的に使われているQRコードは、従来のバーコードに対して、漢字やカナの表現・大容量・高速読み取りを実現した二次元バーコードとして、株式会社デンソーウェーブによって1994年に開発されました。当初から世界中で使われることを目指して開発されていたため、QRコードの特許は保有しているが権利行使はしないと明言した上、仕様はオープン化され誰でも自由に使えるようになっています。そのような取り組みの結果、QRコードは1999年にはJIS規格、2000年にはISOの国際規格として規格化・標準化され世界中で使われるようになりました。

■　キーボードのQWERTY配列

　現在、コンピュータのキーボードに採用されているアルファベットのキーの並べ方は、QWERTY配列と呼ばれる上からQWERTYUIOP、ASDFGHJKL、ZXCVBNMと並んだものになっています。この配列は、タイプライターという文字を印字する機械が元になっており、初期のABC順に近い配列から、モールス信号を書き写す際の利便性や、よく使うキーを近くに配置したり、特許使用料を避けるために配列を変更するといったさまざまな人々による変更の経緯を経て、1882年にWyckoff Seamans & Benedict社が「レミントン・スタンダー

ド・タイプ・ライターNo.2」を発売する際に現在のキー配列となりました。その後、市場の値下げ競争を避けるためメーカーを合同した結果、QWERTY配列が独占的な地位を得ることとなり、この地位はタイプライター型電信機やコンピュータの市場を狙うさまざまな企業の思惑によってデファクト・スタンダードとして揺るぎないものになっていきました。

■ カッターナイフの刃

1956年、オルファ創業者の岡田良男によって発明されたカッターナイフの刃の長さ（80mmと100mm）、刃幅（9mmと18mm）、刃の厚さ（0.38mmと0.5mm）、先端角度（59°）などの規格は、現在まで世界中のさまざまな企業が同等の仕様で製品を開発した結果、事実上の業界標準となっています。当時、海外ではあえて特許申請をせずに各社が同等の仕様で参入することでカッターナイフ市場が広がったのを待って、商品力でシェアを獲得するという企業の戦略がありました。

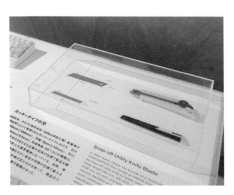

21_21 DESIGN SIGHT企画展「ルール?展」展示風景

真鶴町「美の基準」（まちづくり条例） ●
〈地域〉

　神奈川県の真鶴町は、1980年代に高層マンションの建設計画が相次ぎ、それに対して町の景観を守るために市民の反対運動が起こりました。そのような動きを受け、町は1993年にまちづくり条例として景観を守るルールを定めることとしました。行政、都市計画家、建築家、法律家を集めてつくられたそのルールは、建築家クリストファー・アレグザンダー（1936–2022）のパターン・ランゲージ理論を参照してつくられました。町の景観を形成する要素をデザインコードとして言語化・視覚化したこの「真鶴町まちづくり条例」は通称「美の条例」と呼ばれており、そのルールは現在の真鶴町の景観を形づくる主要な要因ともなっています。

　「美の条例」に限らず、自治体が定めた景観条例やまちづくり条例、「乾杯条例」（当地の地酒で乾杯することを促進する条例）、そして東京都渋谷区や世田谷区から始まり全国に広がっている「パートナーシップ条例」（同性カップルを「結婚に相当する関係」と認め、お互いを「パートナー」とする証明書を発行することなどを認める条例）など、条例を含むルールが地域の景観や文化の醸成に寄与している例をみつけることができます。ただし、ただルールをつくるだけでは文化にはなりません。つくったルールをどう使っていくかが大切ですし、そのルールをどう見直し、更新していくかは文化そのものとも言えるでしょう。

キーワード	前提条件	解決法	課題
○生きている屋外	建物の間に「とり残された」屋外空間は、たいてい利用されないであろう。 真鶴町では長い畑、大地の形を生かし、多くの自然を建築敷地に取り込んできた。	敷地のうち建築しない部分をもう一つ建築空間と考えること。 屋外空間が自然の空気を取り込めるよう形づくること。 敷地の傾斜、眺望、陽当たり、公共空間（道路、広場など）土地の傾斜などに留意し、それぞれが柔らかにつながって行くように計画すること。	

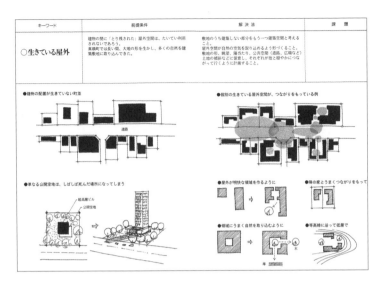

キーワード	前提条件	解決法	課題
○いぶき	新しくはじまることには不安と苦労を上回るときめきがあり、その思いは人を活きづかせる。	町で始まりつつある活動のいぶきを大切にしたい。	

『真鶴町まちづくり条例　美の基準　デザインコードブック』（真鶴町、1992年）より

『独立国家のつくりかた』

〈政治〉

　建築家、作家、芸術家等、多彩に活動している坂口恭平は、東日本大震災直後の2011年5月10日に熊本県で「新政府」の樹立を宣言し、自ら「新政府初代内閣総理大臣」に就任しました。新政府といっても、全ての行政機能を担うわけではなく、坂口が担当するのは憲法で定められた生存権の死守であり、その政策の柱は「自殺者をゼロにするために全力を尽くすこと」でした。坂口は「首相官邸」である熊本市内坪井町にある築80年の一戸建ての家を「ゼロセンター」と名づけ、東日本大震災から逃れてくる人たちの避難所にしました。

　坂口は何の根拠もなくこうした取組みをしていたわけではありません。「国家」という概念を定義しているモンテビデオ条約では、国家の条件として（1）国民、（2）政府、（3）領土、（4）外交のできる能力を挙げており、坂口もこれに照らして、新政府の樹立を宣言していました。坂口の著書『独立国家のつくりかた』では、クーデターを防止するためにある内乱罪に当たらないように新政府活動を「芸術」と呼び、確定申告でも新政府活動で使った経費は芸術の制作費として申告している等の工夫について書かれています。

　このような独立国家をつくる試みを荒唐無稽だと考えるかもしれません。しかし、すでに国家としての機能を備えているように見えても、一定の国々から承認されていない台湾（中華民国）やパレスチナのような存在もあります。また、著名な投資家ピーター・ティールも投資

している公海上に海上国家をつくるプロジェクト「The Seasteading Institute」の計画も進んでいます。法律を含むルールは国家の存在を当然の前提にしているように私たちは考えてしまいますが、その国家の存在自体もまた自明ではないこと、そして国家の存在自体にもまたルールが存在していることは興味深いことです。

熊本市内坪井町「ゼロセンター」　撮影：江上賢一郎

スケートボードのランプのような不定形な床面が目を引く遊び場「コロガル公園」シリーズは、2012年に山口情報芸術センター［YCAM］で開発されて以降、札幌、東京、奈良など全国各地で、さまざまな地域や空間の特徴に合わせて展開されてきました。メディアアートを扱う文化施設であるYCAMの特徴であるメディアテクノロジーが空間全体に埋め込まれ、斜面を上るなどの身体的な遊びと、光、音、映像、センサーなどを用いたメディア的な遊びが混在します。この公園にはあらかじめ決められたルールはなく、最初は床面とスピーカーや照明など基本的なテクノロジーが子どもたちの発想の「種」として用意されているのみ。子どもたちの参加によって、公園の設えや遊び方が会期中さまざまに変化していきます。

そんな公園のルールや機能の更新は、場の管理者と利用者がともに決めていく仕組みとなっています。具体的には、会期中に開催される「子どもあそびばミーティング」で子どもたちが理想の公園やそのために必要なルールや機能ついてのアイデアをプレゼンし合い、他の参加者の合意を得られれば、その後YCAMのラボらによって実装されるのです。建築家の青木淳は、著書『原っぱと遊園地』の中で、遊園地が見ただけでどのように遊ぶものかがわかる遊具で構成されているのに対し、原っぱは「そこで行われることで中身がつくられていく空間」と述べています。空間が人間の行為を規定するのではなく、散り

ばめられた手がかりがそこに集う人たちの行為を引き出すという意味
で、コロガル公園は現代の原っぱのような空間を提供する試みである
と言えるでしょう。

しかし、コロガル公園がインタラクティブに変化する遊び場という
だけに留まらないのは、「プレイリーダー」と呼ばれるスタッフが、子
どもたちが安全に遊べる環境を整えるだけでなく、子どもの興味や関
心を引き出し、遊びの発展を助ける役割を担う点です。いかに創造性
を引き出す仕掛けがあったとしても、そこに自分が主体的に関わる感
覚を持てなければ、その空間をより良くしよう、大切にしようという
気持ちは子どもたちの中に芽生えてこないでしょう。そこに長期的に
子どもたちの様子を見守り、適宜働きかける存在がいることで、技術
があるだけでは生まれづらい有機的なコミュニティが保たれていくの
ではないでしょうか。その結果、企画者も想定していなかった遊びが
これまでに数々誕生してきただけでなく、ある時は期間限定の開催
だったコロガル公園の存続をめぐって、子どもたちが自発的に署名運
動を起こしたこともありました。

コロガル公園が見据えているのは、子ども一人の強い個性を伸ばす
という方向よりも、ハイテク／アナログの垣根なく技術を用いて環境
と関わりながら、他者の声に耳を傾け、共により良い社会をつくるた
めの知性や技術を磨く教育のあり方といえます。それは決して子ども
に限ったものではなく、コミュニティにおけるルールのつくり方や維
持・更新の仕方について、さらにはルールと自由の関係性について、
大きな示唆を与えています。

（左）コロガル公園（2012）　撮影：丸尾隆一
（右）コロガル公園コモンズ（2018）　撮影：山中慎太郎（Qsyum!）
画像提供：山口情報芸術センター[YCAM]

任天堂ゲーム実況ガイドライン

〈ゲーム〉

　2018年11月、任天堂は動画共有サービス上で氾濫する、いわゆる「ゲーム実況」に関するガイドラインを公開しました。このガイドラインは、任天堂が認めるYouTubeやTwitchといった一定の動画共有サービス上であれば、ユーザーが任天堂コンテンツを利用したゲーム実況動画を配信し、ユーザーが当該動画の配信を収益化することまでを許諾するものです。ユーザーによるゲーム実況動画は、動画中にゲームコンテンツが含まれるため、著作権および商標権等の観点から適法性が問題視されてきており、実際に権利者によりユーザーのゲーム実況動画が削除されることもありました。ただ、ゲーム実況動画の広がりは急速で、そのようなゲーム実況動画が当該ゲームタイトルの人気を加速させ、ユーザーのエンゲージメントを強める側面も認められるため、ゲーム業界としてゲーム実況動画に対するスタンスは削除請求するのか、黙認・放置するのか、積極的に認めていくのか、悩ましいものになりがちでした。任天堂は上記ガイドラインを公開することにより、大手ゲームコンテンツホルダーとしてはいち早く、このようなゲーム実況の新しいカルチャーを一定の範囲で認める、ある種のオープン戦略を選択したことになります。もちろんすべてのゲーム実況動画をOKとするわけではなく、一定の条件付け、線引きを行っており、たとえば動画共有サービスはYouTubeやTwitch、ニコニコ動画などに限定されています。

　このようなルールメイキングにより、任天堂はゲーム実況のような
ユーザーによるボトムアップのカルチャーと、自らのビジネスに
win-winの関係性を構築しようとしていると言えます。このような
ガイドライン・カルチャーはゲーム実況にとどまらず、さまざまな
コンテンツビジネス、そして二次創作カルチャー全般に広がりつつ
あり、禁止をデフォルト設定とする著作権法の世界観にゆらぎを与
えています。

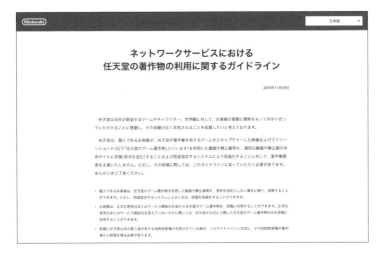

任天堂公式サイトより　https://www.nintendo.co.jp/networkservice_guideline/ja/index.html

クリエイティブ・コモンズ

〈著作権〉

クリエイティブ・コモンズ（CC）は、作品やコンテンツの作者や権利者が「この条件を守れば、私の作品・コンテンツを自由に使っていいですよ」と意思表示をするための（ライセンス）ツールです。BY（表示）、NC（非営利）、ND（改変禁止）、SA（継承）という4つの条件の組み合わせで6つのライセンスとマークを用意しています。作品・コンテンツをより自由に利用してもらいたい作者が、あらかじめ利用条件をわかりやすいマークとともに明示しておくことによって、作品・コンテンツを利用したいユーザーがわざわざ許諾を得るのに必要な負担を省略することができ、作品・コンテンツの流通が促進されることになります。

著作権は「All Rights Reserved（すべての権利は留保されている）」状態、すなわち作品・コンテンツの複製や改変、アップロード等は禁止されている状態がデフォルト設定となっているのに対し、クリエイティブ・コモンズは「Some Rights Reserved（一定の権利のみ留保されている）」状態で、この原則と例外の関係を逆転させるものです。別の言い方をすると、作者・権利者とユーザーとの間の契約によって、著作権法という国家が定めた法律とは別のルールと小さな自治圏をつくりだすボトムアップのルールメイキングの仕組みとも言えます。

クリエイティブ・コモンズは、2001年に初めて提案されましたが、

YouTubeやウィキペディアなどのコンテンツ分野だけでなく、オープンデータやオープン教育、オープンアクセス（学術論文のオープン化）などさまざまな分野に広がっています。また、最近ではAIの学習データやアルゴリズムやNFT、Web3の分野でも採用が目立っていることや、クリエイティブ・コモンズに影響を受けたミームとも言うべきさまざまなオープンライセンスや二次創作ガイドラインも生まれてきています。

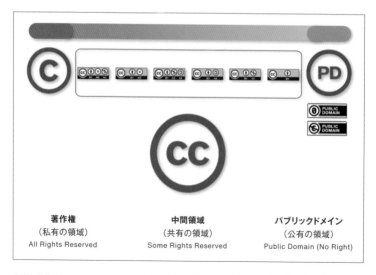

著作権	中間領域	パブリックドメイン
（私有の領域）	（共有の領域）	（公有の領域）
All Rights Reserved	Some Rights Reserved	Public Domain (No Right)

完全な著作権保持と権利がないパブリックドメインの中間領域を生み出すのがクリエイティブ・コモンズ

137

Netflix "No Rules" Rules

〈企業〉

　ネットフリックスのCEOリード・ヘイスティングスの著書『NO RULES』（邦訳：日本経済新聞出版）は、副題に"世界一「自由」な会社、NETFLIX"とあり、ルールを否定し、自由を称揚する、そんな内容のようにも思えます。実際にヘイスティングス自身も「ルールはクソだ」という言い回しをさんざん使っていますし、目次を見ても「休暇規程を撤廃する」「出張旅費と経費の承認プロセスを廃止する」などの記述が目につきます。本書はヘイスティングスが2009年に公開した「Netflix Culture Deck」と呼ばれる127枚のスライドが元になっています。Meta（旧フェイスブック）の元COOシェリル・サンドバーグをして「シリコンバレーで生まれた最高の文書」と言わしめたこのスライドの最新版は、ネットフリックスの採用ページ「ネットフリックス・カルチャー」にも掲載されています。

Reed Hastings and Erin Meyer, *No Rules Rules: Netflix and the Culture of Reinvention* (Penguin Press, 2020)

　しかし、ルールとは必ずしも法的な文言で書かれないといけないわけではありません。「コントロール（規則）ではなく、コンテキスト（条件）を」とヘイスティングスは書いていますが、この「コンテキスト」もある種のルールと言えます。たとえば、ネットフリックスは上司に対して率直にフィードバックするカルチャーがありますが、このフィードバックに対して「4A」ガイドライン

——AIM TO ASSIST (助ける気持ちで)、ACTIONABLE (行動変化を促す)、APPRECIATE (感謝する)、ACCEPT OR DISCARD (取捨選択する)——の遵守を求めており、このガイドラインは立派なルールと言えるでしょう。本書を読むと、「脱ルール」志向のネットフリックスにおいても多くのルールが存在していますが、それは単に「規則」や「規程」といった法律文書の形をとっていないだけであることがわかります。ネットフリックスのカルチャーは、「働き手の主体性・創造性を最大限確保するための企業内のルールとはどういうものか」にトライしたひとつのサンプルであり、その内実は制約と自由のバランスに長けたルールをつくるのが上手い企業であると言えるのではないでしょうか。ちなみに、本書の原題は『NO RULES RULES』。つまり、やはりこれは「ルールをつくらない」という「ルール」とも言えるわけです。

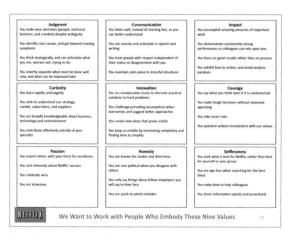

「Netflix Culture Deck」 https://igormroz.com/documents/netflix_culture.pdf

《ルール？》　●

〈生活〉

2021年

田中みゆき　菅俊一　野村律子

　一般的な社会のルールは、マジョリティによってつくられています。日本で言えば、日本人で、障害のない、男性であることを前提にして多くのルールがつくられてきたと言えるでしょう。たとえば信号を渡る、ナビゲーションアプリで行き当たりばったりに目的地に向かうなど、日常の何気ない行為が困難なくできたり、やらないことを選べることは、あなたが（たとえ厳密にはマジョリティに当てはまらなかったとしても）そのルールが対象とする範疇に含まれているから可能になっているのです。映像作品《ルール？》は、たとえば目が見えない人が音の出ない信号を渡るときなど、社会のルールが扱う範疇に含まれてこなかった人たちが、自ら環境や道具を利用して自らルールをつくる様子や、マジョリティとは異なる文化を持つ人たちが特有のルールを構築する様子を扱っています。また、エレベーターという密室におけるパーソナルスペースなど、障害の有無にかかわらず存在する、ルールとまでは言わないが暗黙に共有するふるまいも含まれています。

　この作品は、法や規則といったルールではなく、椅子、照明、ナビゲーションアプリなど、日常にあるモノや技術、空間に具現化されたさまざまなアフォーダンス（モノや環境が持つ、動物の行為を引き出すような特性）を扱っているのが特徴です。一方、信号の例は、音の

出ない信号が目の見えない人の身体を含められていないことを示しています。アフォーダンスにおいても、マジョリティがモデルとされてきたことによる不具合が、ユニバーサルデザインやインクルーシブデザインといった概念やつくり方を生んできました。そもそも、すべての人を含めた社会をデザインすることは、果たして可能でしょうか。「すべての人」と言ったとき、あなたの頭の中にはどのような人たちが含まれているでしょうか。ルールは、そのルールをつくる人たちの想像力や認識の限界によって、必ずそこに含まれない人が出てきます。その結果、社会から存在しないかのように扱われてきた人たちがいます。人が無意識にできていることをできない人がいるということを常に考えるのは、どんな有能な人にも不可能です。だからこそ、できる限り多様な人たちがルールメイキングに参加することが必要なのです。

田中みゆき　菅俊一　野村律子《ルール?》2021 ©2021 THEATRE for ALL　ALL Rights Reserved.

東京駅の空中権売買

〈都市〉

「東京の玄関」とも言うべき、東京駅のJR丸の内・赤レンガ駅舎は、第二次世界大戦前の赤レンガ駅舎への復元工事により現在の姿になっていますが、その復元工事にかかる500億円とも言われる工費を、東京駅の上空のいわゆる「空中権」を近隣の高層ビル（具体的には、丸の内パークビルディング、新丸の内ビルディング、東京ビルディング、JPタワー、グラントウキョウノースタワー／サウスタワー）に移転・売却することで捻出しました。

「空中権」とは、都市計画法で定められた容積率（敷地に対してどのくらいの規模の建物を建てられるかを示すもの）のうち、未使用部分を他の土地に移転する権利です（「容積率移転」とも言われますが、いずれも法律上の呼称ではありません）。容積率移転は隣接する敷地間でしか認められないのが原則でしたが、2000年の都市計画法および建築基準法の改正により、「特例容積率適用地区制度」が制定され、必ずしも隣接していない敷地間の容積率売買が可能になりました。都市機能が集積する既成市街地のうち、特に土地の高度利用を図る必要性が高い区域について、その高度利用を促進していくための制度です。ただし、全国どこでもこの制度が利用できるわけではなく、行政が一定の条件を満たした地域について指定をすることではじめて可能になります。2024年1月現在、この制度が実際に利用されている最初かつ唯一の事例は「大手町・丸の内・有楽町地区特例容積率適用区域」

（東京都千代田区、2002年指定）のみで、これにより東京駅の丸の内・赤レンガ駅舎の空中権売買が可能になったわけです。あの赤レンガ駅舎の復元は、実は法律というルールが可能ならしめたプロジェクトと言うことができます。ずいぶんコストがかかったプロジェクトだとも言えますが、この制度が今後どのように活用されていくのかも注目されます。

② 丸の内パークビルディング
特例容積率 1430%
（移転前 1300%）

③ JPタワー
特例容積率 1520%
（移転前 1300%）

① 新丸の内ビルディング
特例容積率 1665%
（移転前 1300%）

④ 東京ビルディング
特例容積率 1266%
（移転前 1000%）

⑥ グラントウキョウサウスタワー
特例容積率 1304%
（移転前 900%）

東京駅

⑤ グラントウキョウノースタワー
特例容積率 1304%
（移転前 900%）

東京駅の容積率は赤レンガ駅舎の復元に必要な分を残し、周辺の6棟のビルに移転・売却され工費を捻出。参考：「東京駅上空は500億円　復元資金を稼いだ空中権とは」『日本経済新聞』（2012年10月12日）
https://www.nikkei.com/article/DGXNASDJ0901C_Q2A011C1000000/

カーボンプライシング

〈環境〉

気候変動問題は、現在私たちが抱える最も大きな問題のひとつとなっていますが、気候変動問題への対策のひとつとして注目されているのがカーボンプライシングです。カーボンプライシングは、CO_2排出について価格付け（プライシング）をすることで、市場メカニズムを通じて企業や市民にCO_2排出のより少ない行動を合理的に選択してもらうことを促し、CO_2排出を抑制する考え方や仕組みのことです。いくつかの方法が提唱され、すでに実践されていますが、大きく分けて「炭素税」のような価格アプローチと、「CO_2排出量（カーボンクレジット）取引」のような数量アプローチの２つに分類されます。

気候変動問題については、米国カリフォルニア州が、2022年８月に、ガソリン車の新車販売を2035年までに禁止することを決定するなど、今後、法制度が大きく変わっていくことが予想される領域のひとつです。また、EUでは、CO_2排出量の削減と循環型経済の実現に向けた巨額の投資を通じて2050年までに世界初のカーボンニュートラル「大陸」にすることを目標に掲げる「グリーンディール政策」を推進しています。それにともない、企業にサステナビリティ情報を開示することや、気候変動対策に資する経済活動の要件を定める「タクソノミー」、そして先述した「カーボンプライシング」等の制度の法制化を進めています。根強い気候変動懐疑論やロシアのウクライナ侵攻によるエネルギー依存への回帰等、まだまだ問題は山積みですが、米国

やEUでは気候変動に対する対策においてカーボンプライシングの考え方や仕組みを利用した制度やルールが次々と提案され、制度化されてきています。地球にとって望ましい未来を実現するために、法律を含むルールが果たすべき役割は今後益々大きくなると予想されます。

カーボンプライシングは、企業などの排出するCO₂に価格を付け、排出者の行動を変容させる政策手法のひとつ。

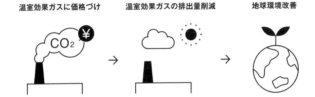

温室効果ガスに価格づけ　　温室効果ガスの排出量削減　　地球環境改善

カーボンプライシングの大まかな類型

炭素税
CO₂の排出に対して、その量に比例した課税を行うことで、炭素に価格を付ける仕組み

国内排出量取引
企業ごとに排出量の上限を決め、上限を超過する企業と下回る企業との間で「排出量」を売買する仕組み

クレジット取引
CO₂削減価値を証書化し取引を行う。政府によるもののほか民間セクターでもクレジット取引を実施。日本政府による運用：非化石価値取引、Jクレジット制度、JCM（二国間クレジット制度）など

国際機関による市場メカニズム
国際海事機関（IMO）では炭素税形式を検討中、国際民間航空機関（ICAO）では排出量取引形式を実施

インターナル・カーボンプライシング
企業が独自に自社のCO₂排出に対し、価格付け、投資判断などに活用

カーボンプライシングの概要

大麻の合法化

〈法律〉

　現在、大麻に関するルールほど、世界的に変動しているルールはありません。たとえば、米国では、カンナビス（マリファナ）の規制は、連邦法と州法の二重の網掛けがあり、州ごとに①娯楽用大麻も適法（Legal for recreational use）、②医療用大麻であれば適法（Legal for medical use）、③違法（illegal）、④非犯罪化（Decriminalized）という４つのカテゴリーにルールが分かれているという複雑な状況になっています。このうち、「非犯罪化」というカテゴリーは日本ではあまり馴染みのない概念ですが、米国では1970年に制定された規制物質法（the Controlled Substances Act (CSA)）により大麻の使用・所持は連邦法上違法とされているものの、多くの州で捜査機関による検挙・処罰の対象としないことが宣言されています（よく勘違いされますが、オランダも合法化されているわけではなく、同様に非犯罪化しているのみです）。この「非犯罪化」は、依然として形式的には違法であるため、「合法化（Legalization）」とは区別される概念ですが、社会の実情や環境変化に応じて規制を差し控えるひとつの手法と言えます。このような「非犯罪化」の正当化根拠は、刑罰に十分な効果が期待できないことや、当該行為を検挙・処罰の対象とすることで、より重大な犯罪に割くべき警察や司法のリソースが奪われてしまうこと、取締りにおいて権限の濫用が生じやすい等を理由に説明されます。このような米国における連邦法と州法の両方がかかってくる二重構造は、

複雑で、法的安定性に欠ける状態と言えますが、一方で、別の視点からみれば、州による独自性を認めながら、連邦全体で徐々に合法化（Legalization）していく仕組みになっているとも言えます。このような仕組みは、たとえば、アリゾナ州が自動運転に寛容な州法を持つことでウーバーやテスラ等の自動運転の民間事業者を誘致することに成功したように、州ごとの独自性を生み出すとともに、複数のルールを「競争」させることでより優れたルールを残す「ルールの実験」という側面もあると言えるでしょう。

■ 娯楽目的での使用も合法
■ 医療目的での使用は合法
■ 違法
D 非犯罪化

注　・未発効の法律も含め、州および準州の法律を反映。連邦法、部族法、地方法は反映されていない。
　　・ヘンプおよびヘンプ由来製品は、2018年農業法（Farm Bill）の制定以降、合法となっている。

米国における大麻の合法性
Lokal_Profil, CC BY-SA 2.5 (Wikimedia Commons)
https://commons.wikimedia.org/wiki/File:Map_of_US_state_cannabis_laws.svg

《D.E.A.D.（Digital Employment After Death）》　●

〈データ〉

2020年

Whatever Co.

　人が死亡した後、故人の権利はどう扱われるべきなのか。現在は、肖像権やプライバシーといった人格的な権利は相続されず、人格は生存しているからこそ発生するものとして、民法では被相続人（死亡者）の「一身に専属したもの」は相続されないと定められています（民法896条但書）。しかし、昨今故人のSNSアカウントの扱いや、テクノロジーの発達によって生前の肖像や音声などを活用して故人を「復活」させることが可能になっており、死後のルールメイキングに関する議論が始まりつつあります。

　本作品、《D.E.A.D.（Digital Employment After Death）》は、自分が死んだ後の自らの肖像の扱われ方について意思表明できるプラットフォームです。死後、個人データをもとにAIやCGなどを活用して「復活」させられることや、さらにはパフォーマンスするに用いられるといった「働かされる」ことを許可するかなどを記した表明書を発行することができます。これまでは自分の死後を想像するというのは、遺された家族のことや遺品の処理、相続のことなどについて考えるということが大半でしたが、本作品を体験して表明書を発行することによって、自分の死後の肖像の扱いをどうルールかするべきかについて考えるきっかけとすることができるのではないでしょうか。

D.E.A.D.
Digital Employment After Death
DECLARATION

この表明書は、あなたの死後、あなたの個人データと AI や CG などを活用して
「復活」させられることを許可するかどうかについて、生前に意思を表明しておくための文書です。

あなたの意思を家族や周囲の方々へシェアすることで、ご自身の意思に反した死後肖像の濫用を抑制することにつながります。

意思表明については、次の通りの対応を希望します。

☑ **私は、私の死後、個人データと AI や CG などを活用して「復活」させられることを
以下の範囲において許可します。**

— 私を「復活」させることを許可する対象

☐ 親族 ☐ 知人

☐ 私が指名した人 ☐ すべての人

— 私を「復活」させる際の、生前の事実への準拠範囲

☐ 生前の発言内容、性格、外見などの事実を厳守する

☐ 生前の発言内容、性格、外見などの事実をもとに
生成することを許可する

☐ 生前の事実に基づく必要はない

— 私を「復活」させる際の表現許容範囲

☐ BOT(自動投稿プログラム)がテキストを書く

☐ 私の声が AI により自動生成され、音声で会話する

☐ 私の声と姿が AI により自動生成され、映像で再現される

— 私を「復活」させる際の対価の有無

☐ 有償 ☐ 無償

特記欄：※家族の利用に限る、SNS 上のデータに限るなど

☐ **私は、私の死後、個人データと AI や CG などを活用して「復活」させられることを一切許可しません。**

年月日：

署名：

2020 年 3 月現在、本文書の法的効力が保証される仕組みはまだ整備されていません。
しかしながら、私たちは本サイトを通じてこの問題が広く世の中に認識され、死後の肖像権管理の仕組みが誕生するきっかけとなることを願っています。

D.E.A.D.公式サイトで表明書を作成、ダウンロード／シェアすることができる
https://dead.work/
© Whatever Co.

規制によって生まれる製品・サービス ●

〈経済〉

　私たちが普段触れている製品やサービスは、社会に存在する際にさまざまな法律をはじめとしたルールの影響を受けることがあり、その結果、形状が独自のものに変化したり、新しい製品カテゴリーや市場開拓につながったりすることがあります。ここでは、ドローンから航空法、電動キックボードから道路交通法および道路運送車両法、ビール系飲料から酒税法、食品衛生法、(法律ではないですが)「ビールの表示に関する公正競争規約」を題材に、製品の姿や仕様がどのように規制と関わっているかを紹介しながら、規制が新たなカテゴリーやサービスを生み出す可能性について考えます。

■　ドローン

　ドローンは、通常、航空法第2条第22項で「無人航空機」というカテゴリーに該当し、人や家屋が密集している地域の上空での飛行などが禁止されています(航空法第132条の85第2項)。これまでは「重量が200グラム未満の場合は除外される(航空法施行規則第5条の2)」とされていたため、一部の撮影用ドローンと呼ばれる製品は、この規制を元にギリギリ200gを切る重量になるよう設計されていました。しかし、2022年6月20日の改正航空法および航空法施行規則の施行により重量が100g以上の無人航空機を飛行させるためには登録およびリモートID機器の搭載が義務化された一方で、重量100g

未満のものは小型無人機等飛行禁止法という別の法律で規制されることとなったため、今後各メーカーがどのようにこれらの規制を前提として新しい製品を開発していくのかが注目されています。

■　ビール系飲料

　近年、市場ではビール系飲料としてビール風の味のビールではない飲料が販売されています。これらの商品は、酒税法第23条で定められた税率が改正され価格が上がったため、麦芽の使用率を下げたり、麦以外の原料を用いることで、消費者が求めやすいビール以外の税率の低いカテゴリーの飲料として開発されたものです。しかし、これらの商品の売り上げが伸びてくると、そのカテゴリーに対して税率を上げる改正が行われるなど、安定的な税収を得たい国とメーカーのいたちごっこのような状況にもなっています。

　また、パッケージは業界団体によって「ビールであるかのように誤認される恐れがある表示は禁止」という規約（ビールの表示に関する公正競争規約）が定められているため、ビールの味はするがビールではないということをどのように示すかがデザイン上の工夫になっています。

■　電動キックボード

　さまざまな小型のモビリティが、社会に登場しています。中でも2017年に登場したモーターが付いた電動キックボードは、道路交通法（第1章第2条の10、施行規則第1条の2）ではモーターの定格出

力によって「原動機付自転車」「普通自動二輪車」と分類され、公道を走るためにはそれぞれの車両区分に応じたかたちで運転免許証の携帯・ヘルメット着用・各種ライトやバックミラー、ナンバープレート等の装備が必要になっていました。その後道路交通法が改正され、2023年7月1日から特定小型原動機付自転車として指定されたキックボードについては、16歳から免許不要でヘルメット着用の義務がなく（努力義務規定扱い）乗ることができるとする法案が施行されています。

　現在ブレイズ社、SWALLOW社などで一般販売され、Luup社がシェアリングサービスで提供している電動キックボードは、特定原動機付自転車として公道走行可能にするため、最高速度は20km/hに制限されています。また、車体には各種ランプやウィンカー、クラクション、ブレーキ、最高速度表示灯などの保安部品の装備やナンバープレートの取付がされています。

　このような改正によって、今後どのような形で運用がされ新しいモビリティが社会に定着していくか注目されています。

21_21 DESIGN SIGHT企画展「ルール？展」展示風景

《鑑賞のルール》

〈身体〉

佐々木隼（オインクゲームズ）

　展覧会という空間の中で行われる鑑賞という行為自体には、そもそも規律や制約をつける法律は存在しません。しかし、写真や動画撮影の禁止、走ってはいけないなど、鑑賞者に課されるさまざまなルールが、鑑賞行為にとって制約としてはたらくことがあります。このような制約は、展示会場の所有者や管理者の持つ所有権または施設管理権という権利に基づき課されるものです。鑑賞という体験は、この所有権・施設管理権と、作家の表現の自由、鑑賞者の知る権利など、いくつかの権利のバランスのうえで成立しています。

　一方で日本においては、展覧会では静かに鑑賞しなければいけないという暗黙のルールがあります。しかし、他の人と話すことで作品への理解が深まった経験がある人は少なくないでしょう。鑑賞は、普段出会うことがないかもしれない他者と同じ空間を共有し同じ作品を眺める、貴重な時間です。

　この作品《鑑賞のルール》は「ルール？展」の冒頭に配置された、鑑賞に持ち込まれたささやかなルールによって、展示室内でルールを共有する他者の存在を浮かび上がらせ、展覧会という小さな社会のあり方に揺さぶりをかけようとする試みです。

　展覧会の入り口で渡された作品解説などが書かれたハンドアウトの表紙に、スタンプを押すことができるスペースが二つ空いており、作品ブースに入ると、並んでいる多くのスタンプの中から鑑賞者は二つ

選んで押すことができ、スタンプを押すと「あらゆる線をふんではならない」「さいごにもっとも好きな作品のまえでおじぎしなければならない」などのルールが印字され、押すことではじめて鑑賞のルールを手に入れることができるというものになっています。

　鑑賞者には、実際にこのスタンプによってランダムで与えられたルールを展示会場で実行してもらいます。もちろん、ルールを無視して鑑賞することも自由です。しかし、このルールの存在があることで、展覧会というものが作品と自分との関係だけでなく、同じ空間にいるさまざまな他の鑑賞者との関係によって成立しているということが強烈に意識される構造を持っています。

（上）21_21 DESIGN SIGHT 企画展「ルール？展」展示風景
（下）スタンプを押したハンドアウトの表紙

群れを生むルール

〈ふるまい〉

　鳥や魚などの一部の生物は、群れをなして行動することがあります。身の回りでも鳥が群体を編成して木やビル、電柱などさまざまな構造の環境や、障害物に遭遇しても群れを保持しながら動き回る様子を見ることができますが、このような個体ではなく群れになったときにはじめてはたらくふるまいは「群知能」と呼ばれ、ゲームや映画などエンターテインメントの分野では群衆の表現を描くために応用されています。この、群れを生み出す力ですが、実はわずか3つのルールをそれぞれの個体に適用することで、シミュレーションすることができます。

　1つ目は、近くの仲間たちと近づきすぎないよう距離を取り続けようとする「間隔（Separation）」、そして2つ目は近くの仲間たちの方向・速度の平均に合わせて動くようにする「同調（Alignment）」、3つ目が近くの仲間たちとの距離が同じようになるように動く「結束（Cohesion）」というルールです。こうやって言葉にしてみると非常にシンプルなものですが、それぞれの個体がこのboids（ボイド）と呼ばれる3つのルールを守りながら相互に作用することで、おのずと群れが形成されるのです。

現実世界の群れの例

　本作品は、このboidsのはたらきについて、ひとつずつ順番にルールを追加していくことで、ルールによって群れが形づくられていく様子を示します。そして、鳥や魚、牛や虫などさまざまなサイズの生き物が群れによって動いているように、さまざまなオブジェクト（ルールという文字にも！）にboidsを適用することで群れがつくられる様子が表現されています。

群れを生むルール　提供：平瀬謙太朗（CANOPUS）

　さまざまなルールは、それ自体が明文化されているかどうかに関わらず、「ルールをどのように読み取るか」「ルールをどのように適用するか」といったいわゆる「解釈」の問題から逃れることはできません。一見それはルールそのものの、ふるまいを明確化していく性質と相反するように見えますが、この解釈の余地があることが余白として機能し、都度発生する条件が全く異なる個別の事象に対してどのように判断・対応していくか、論理的な安定性と具体的な妥当性のバランスを取っていくことで、複雑な予期せぬことが起こる社会に対応できているとも言えます。

　この作品は、「ルールに従う存在がどのように見えるのか」「ルールへの従い方は必ずしもひとつではない」といったことを現実世界から切り離して、３つの異なる大きさの直方体が、ベルトコンベアで流れてくるさまざまな形状の穴が開いているゲートをくぐり抜けるために、その都度整列したり重なり合ったりすることで、特殊なルールに従順に従う姿を伝えています。淡々と直方体がさまざまなゲートをくぐり続ける姿は、そこで起こっていることがどのようなルールの元で起き

ているのか読み取りたくなる好奇心を抱いたり、都度変化する状況に
適応し続けようと動き続けることに対して健気さや魅力を感じます。

　本作を通じて私たちの心に沸き起こるこのような気持ちは、ルール
自体に対する「行動を制限されてしまう」ということやルールに従う
ことに対して無批判な従属だとすることから来るネガティブなイメー
ジとは全く異なるものです。

　社会にあるルールを知り使いこなしていくために、デザインやコ
ミュニケーションによって、どのようにルールを読み解く障壁を下げ
る工夫ができるでしょうか。

石川将也＋nomena+中路景暁《四角が行く》2021　写真：飯本貴子
21_21 DESIGN SIGHT 企画展「ルール？展」展示風景

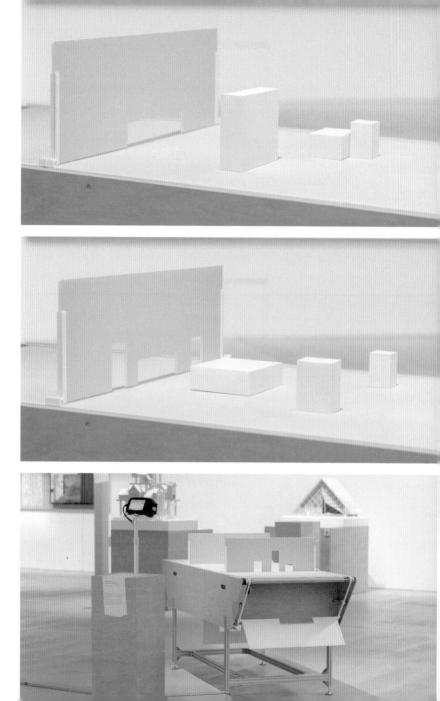

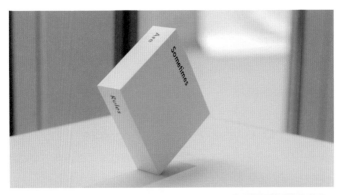

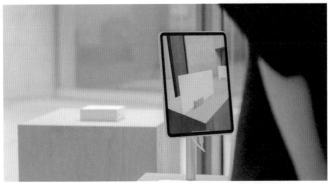

（左）石川将也＋nomena＋中路景暁《四角が行く》2021　写真：飯本貴子

（右）石川将也＋nomena＋中路景暁《ルールが見えない四角が行く》2021　写真：飯本貴子

21_21 DESIGN SIGHT 企画展「ルール？展」展示風景　　**161**

行列のルール

〈生活〉

　駅のホーム、スーパーのレジ、人気のある飲食店やテーマパークの入場口など、私たちの生活の中には行列があふれています。一人ずつ順番に対応する状況において、そこに詰めかける人の数が一度に対応できる数を上回る場合に、行列は発生します。このような行列は、自然発生的に形成されることもありますし、あらかじめ列ができることを見越して位置や並び方を指定するケースもあります。また、先のコロナ禍においてはソーシャル・ディスタンスという概念が提唱され、他者との距離が明確に可視化される事態が起きました。このような行列において意識されるのは、あとどのくらい待てばよいのかであり、そこに並んでいる自分以外の人たちについては気にも留めないでしょう。

　この作品では、次の展示室への入場を待っている間、「背の低い順」「着ている服の色が濃い順」「手荷物・カバンが大きい順」「今並んでいる順番が逆になる順」といった周囲の人の属性や存在を意識せざるを得ないルールに従って並び替えてもらうことで、行列の形成自体がある種のコミュニケーションとして成立する可能性を体験してもらうものです。実際の展示会場においては、来場者が集中して想定（20人）以上に行列が膨れ上がってしまった結果、このルールがなかなか実行されないという状況があり、行列というものが想定外の（ルールが適用しきれない）事態を生みやすい性質を持っているという、実際の社会の状況と近い現象が起きていました。

21_21 DESIGN SIGHT企画展「ルール？展」展示風景

　ルールは人工物であり、私たちが思い描くルールはその多くが地表より上の人間の営みにまつわるものです。しかし、たとえば、都市や街の開発はその土地の性質や歴史を人間の都合の良いように曲げ、地形を変形させることで成り立っています。

　写真家の高野ユリカと建築家の山川陸によるこの作品は、六本木エリアのフィールドワークと撮影を通して、地表にそびえ立つ建築物などの構造物ではなく、それらを支える土地が持っている、より原初的な原理「グランドルール」に目を向けようとするものです。それは、短期的な経済活動を中心に人間の活動に覆われて普段は見えづらい、人間が拠って立つ時代を超えた大きなルールへの想像を促します。

　そのような大きなルールは目に見えず、あまりに根本的であるがゆえに動かしがたいもののように思えてしまいますが、目に見えるルールの前提には別のルールやメタルールがあることや、人間ではなく地球スケールのルールが存在していること等を再認識させてくれます。

高野ユリカ＋山川陸《踏む厚み》2021　photo: yurika kono
21_21 DESIGN SIGHT企画展「ルール?展」展示風景

165

取扱説明書のいろいろな形

〈製品〉

　家電などに添付されている取扱説明書には、製品のさまざまな機能を扱うための操作方法、組立方法や設置方法、安全に関する注意事項など、製品を使用する際に関係しているルールがまとめられています。製品自体が複雑かつ多機能になっている状況が反映されるかたちで徐々に分厚い冊子となり、その後優先度別に分冊化されたり、紙ではなくCD-ROMとして添付されるとなど形態が変化してきましたが、現在では（紙の冊子はまだ添付されているものもありますが）大半はPDFデータの形式で各メーカーのウェブサイトにて公開されており、分厚い紙束を所有することなく、いつでも検索して必要な箇所を参照することができます。

　一方で、このような取扱説明書は、基本的にわずかな図版と多くの文章によって構成されているため、視覚障害者の方や日本語が読めない外国人の方などにはアクセスが困難です。そのような状況の中、全く異なる形態の取扱説明書も登場しています。

　ソニー株式会社による「声の取扱説明書」（https://www.sony.jp/ServiceArea/Voice/）では、カセットレコーダーやラジオなどの製品について、ウェブ上で基本的な操作を説明した音声データ（かつて製品に添付されていたカセットテープに収録されていた音声をデータ化したもの）を配布しています。聞いて頂くとわかりますが、冒頭に各部位やボタンの位置などを「向かって手前の面の左側にある広いツル

ツルした部分」といった具合に、触った質感を手がかりにすることにより、音声だけで製品の形状や位置、使い方を伝えることができる情報になっています。

　また、IKEAの組立説明書は、購入した家具を自宅で組み立てるためのプロセスが書かれています。図版を見るとわかるように、この説明書には文章による説明がありません。図に照合するように部品同士を組み合わせていくことで、完成までたどり着くことができます。このような図のみの説明書のスタイルは、LEGO社のブロック玩具に添付されている冊子も採用しています。言語に依存しないため、ローカライズの必要がなかったり、向きなどを合わせて見たまま照合すればよいので、解釈の余地をなくしたい組立説明に向いていると言えます。

　しかし、図版のみの説明書は前述の視覚障害者の方には当然読み取ることができないため、さまざまな条件の方に対応した説明を一つの方法でやることは難しく、さまざまな方法を組み合わせて対応していく、伝え方のデザインが求められています。

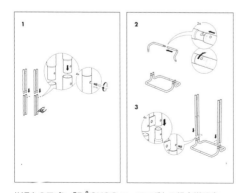

IKEAのワゴン「RÅSKOG ロースコグ」の組立説明書
https://www.ikea.com/jp/ja/assembly_instructions/raskog-trolley-white__AA-2134811-1-1.pdf

2020年に発売されたアクション・ロールプレイング・ゲーム『サイバーパンク2077』(CD Projekt RED) の利用規約 (エンドユーザーライセンス同意書) には、ゲームにおけるパンクな世界観が利用規約にも反映されています。具体的には、利用規約のわかりづらい法律文言に加えて、ゲーム内のハードボイルドな世界観をそのまま持ち込んだ言葉遣いで規約の要旨・要約が書かれています。たとえば、利用規約の冒頭には「右側の短い要約版は、法律用語の解釈に詳しい、ナイトシティ在住の生粋のサイバーパンクが書いてくれたものです。ただしもちろん、お客様にもおわかりのとおり、実際に重要かつ法的拘束力を持つのは、左側の全文の方です」との記載があります。年齢制限に関する規定については、

「なるほどな。このゲームには、プレイ可能な「最低年齢のレーティング」が設定されている。この意味はわかるか?もし君たちがナイトシティに入りたいと思うなら… まあ、とにかくあれだ。レーティングに書かれた年齢より上でいろってことだな。一般的には18歳以上だな。だが、もし君が、「17歳以上」のレーティングを付けている土地の住人で、なおかつ今、君の年齢が17歳の場合。その場合には、君は保護者に監督をお願いする必要がある。これはマジな話だ。年齢をごまかすとかはダメだぞ!」

と記載されています。

　なぜゲーム開発側は利用規約にまでここまで楽しませる仕掛けを用意するのでしょうか。利用規約は、インターネットの時代の契約書と言えるものです。とある調査では9割以上のユーザーがインターネット上のサービス利用に際して利用規約を読んでいないと回答していますが、このインターネット上の契約書は書面で交わした契約書と同等の効果を持ちます。ただ、事業者側もきちんとユーザーに対して読ませる努力をしていない場合には、契約としての有効性が否定される判決が出てきており、事業者側もユーザーに対して利用規約を読むための努力をするようになり始めています。たとえば、利用規約の一番下までスクロールしないと同意ボタンが有効に機能しない等もこの一例と言えます。インターネットが普及してまだ20年強であり、インターネット上の契約がどうあるべきかの文化や慣習はまだ確立されているとは言えません。今後私たちがどのようにインターネット・サービスを利用するか次第で、その形は変わっていくことになるでしょう。

『サイバーパンク2077』公式サイト「エンドユーザーライセンス同意書」より
https://www.cyberpunk.net/ja/user-agreement/

《訓練されていない素人のための振付コンセプト 003.1　●
（コロナ改変 ver.）》

〈身体〉

2021年

コンタクト・ゴンゾ

　コンタクト・ゴンゾは、人と人とのあいだに起こる接触や肉体の衝突に着目し、格闘技やスポーツを想起させる即興パフォーマンスやインスタレーション・写真・映像作品の制作、雑誌編集などを行うアーティストユニットです。本作品は、ルールとタスクが「仕様書」という形で言語化された、「物理学シリーズ」のひとつをコロナ版に改定したものです。会場に置かれた約1メートルの枝を、自分と他人の身体、あるいは会場の構造物との間で挟み、三者の関係性に働きかける試みです。

　現代美術においては、オノ・ヨーコやソル・ルウィット、冨井大祐らの作品に見られるように、観客や作家の代行者に特定の行為を指示する指示書をもとにした「インストラクション・アート」と呼ばれる形式があります。現代音楽やダンスの分野においても、図形楽譜や舞踊譜のノーテーションなど、音や動きが記号化され譜面に落とし込まれたものがあります。それらは、パフォーマンスを指示するスクリプトの役割を持ち、具現化は解釈する人の身体や想像力に委ねられているのが特徴です。本作品もそれらの延長にあると捉えることができるでしょう。

　この作品では、タスクを行う体験者のふるまいを「振付」とし、来場者やその時の状況によって、異なる振付が「上演」されています。重力や等速度運動、角度などを扱うこのシリーズは、身体と自然法則に則って、「素人」でも上演することができるのです。体験者は、ルールに従ってタスクを実行するなかで、枝を支えきれない体の不安定さや、枝を介した他人との合意なしにはどちらの方向に進むかさえ実行できないことに気づかされます。それらのままならない不確定要素を孕んだルールの特性について、時に想定とは異なる形でタスクが実行される過程とともに体験するのです。

　法律を含むルールは、対象となる人々に対して一律に適用される、硬直的存在ですが、ルールを一律に適用しても、全員が同じように行動するわけではありません。受け手の解釈や体の特性、環境や状況など、さまざまな要因によってルールがどのように実行されるかは異なります。一方、当事者間で生まれるボトムアップの合意形成は、それらの不確定要素も踏まえて行われるという点で、柔らかいものであると言えます。作家は本作品の仕様書を販売しており、購入者は自らの責任で本作品を上演する権利を持ちますが、そのような作品の販売形式も、作品の可能性や解釈を広げるルールメイキングの試みといえます。

21_21 DESIGN SIGHT企画展「ルール?展」展示風景
撮影：吉村昌也

単独の場合

①好みの枝を必要な本数選ぶ。

②一本の枝を自分の体の任意の2点で挟む。

③挟んだまま、枝を落とさずに満足するまで円上を移動する。

複数の場合

①各人好みの枝を必要な本数選ぶ。

②一本の枝を自分の体の任意の2点で挟み合う。

③挟んだまま、枝を落とさずに満足するまで円上を移動する。

要点

①途中枝が落ちた場合、再度挟み直し続行することが望ましい。ただし元の2点でなくともよいものとする。

②挟むことで生じる「圧」が重要なため、ソフトにせず体に若干めり込むくらいの加減で行う。

③会話は最小限に控え無言・真顔で行う。

コンタクト・ゴンゾ《訓練されていない素人のための振付コンセプト003.1
（コロナ改変ver.）》2021

オウテカ『Anti EP』

〈音楽〉

　法による規制を創造性によってかいくぐる試みは、古今東西さまざまなアーティストによって行われてきました。音楽の分野においても例外ではありません。「Criminal Justice and Public Order Act 1994」は、当時の内務大臣マイケル・ハワードによって提案された法案で、その第5部では、無許可のレイブ・パーティーを取り締まるため「反復したビート」を含む曲を20人以上の野外での集会で、大音量で夜間に演奏されることを禁じるものでした。これにより「4つ打ち」と呼ばれるバスドラムが等間隔に打たれるリズムをはじめとした「反復されたビート」によって成立しているダンスミュージックの多くが規制されることになります。

　英国のアーティスト、オウテカは、この法案に抗議する形で、1994年9月3日にリリースされた『Anti EP』において、他の小節に

同じビートが含まないように複雑に構成された「Flutter」という楽曲を制作しました。反復されたビートを含まなくても、ビートが感じられダンスミュージックとして機能し得るということを、オウテカは実際に曲をつくることで示しています。

Autechre, *Anti EP*, Warp Records, 1994

校則をつくる・変更する

〈学校〉

　学校の校則は、私たちが人生で最初に意識するルールかもしれません。しかし、そのような校則に不自由さを感じたことがある人は多いと思います。最近では、黒髪を強制される、地毛であることの証明書を提出させる、下着の色の指定、学校指定以外のバッグの禁止、アルバイトの禁止など、厳しすぎる校則や時代錯誤な校則が「ブラック校則」として社会問題化したこともあり、全国の高校の校則をデータベース化していく試み（「全国校則一覧」https://www.kousoku.org/）なども含め、校則を見直す動きが少しずつ広がってきています。

　校則は何のためにあるのかというと、学校での生活を心地よく豊かにするためです。そのルールがなぜ存在しているのか、本当にそのルールが必要なのか、生徒、先生、保護者、近隣住民が話し合うことで、より良いルールに変えていくことが可能です。ただ、そのように改めて見直してみると、そのルールが存在してきた理由も浮き彫りになってきます。そのうえで、本当にそのルールが必要なのかを議論することで、そのルールが適用される場に主体性が生まれてきます。「廊下を走ってはいけない」というルールも、先生から一方的に押し付けられるのか、生徒たちが自ら話し合って決めたのかで、そのルールの受け取り方は変わってきます。誰かから押し付けられたり、与えられたルールではなく、自分たちが主体的に選び取ったルールにより、そのルールが自分のこととして捉えられ、自分たちのルールとなるのです。

《21_21 to "one to one"》　　　　　　　　　　　　　　●

〈建築〉

2021年

早稲田大学吉村靖孝研究室

　建築には、建築基準法はもちろんのこと、消防法、都市計画法、バリアフリー法などの法律や、住宅であれば住宅品質確保促進法、建築安全条例、景観条例といった条例など多くの法令が関わっています。一方で、構造や意匠、またそれらを支える素材の使用などを含めた、設計者による設計思想は建築の中で隠れたルールとして機能しており、このようなルールをどう設計するかは建築家やデザイナーの創造性にほかなりません。建築におけるルールは、材料の流通や構法、規格をはじめとした現実的な諸条件も含まれ、前述の法律や設計思想・デザインと相反する場面もあります。建築設計は、それらのルール同士の調整を行い現実的な解を見出していくことで実現されていきます。

　本作は、本書のベースとなっている「ルール？展」の会場である、安藤忠雄建築研究所＋日建設計によって設計された21_21 DESIGN SIGHTの建物の中にある、デザインとルールのせめぎ合いが見られる21箇所に直接解説を設置した、原寸大の展示物とも呼べる試みです。これらの解説を見ると、改めて建築はさまざまなルールの集合体としてできており、そのさまざまのルールを前提に、設計者や施工者が現実的な解を見出すためにさまざまな工夫をしていることを垣間見ることができます。

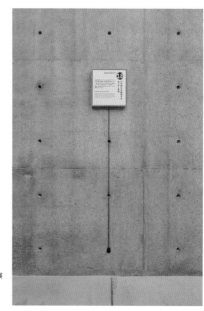

21_21 DESIGN SIGHT企画展
「ルール?展」展示風景
撮影：吉村昌也

01 水平大ガラスの長さ

水平大ガラスの寸法は高さ45cm、長さ約11.5mで、同じものが2枚並んでいます。竣工当時の資料には日本一の長さとあります。長さが決まった要因はさまざまあるはずですが、11.5mはトレーラーによる陸上輸送の限界値に近く、運搬の基準が長さを決めるルールとなったことが想像できます。

02 間接照明の裏に排煙窓

水平連続窓の上部、一見、間接照明用器具に見える、窓と同じ長さのカバーは、実は排煙窓を隠すために取り付けられています。火災で館内に煙が充満した際には、ここから外部に排出されます。

03 階段手すりの勾配＝1／2

階段に沿って斜めに下るコンクリートの腰壁は、型枠用合板をちょうど斜めに割った勾配でつくられています。日本の合板の規格は900×1800mmなので、ちょうど1/2の勾配になっていることがわかります。

04 型枠用合板規格寸法＝900×1800ミリ

鉄筋コンクリート造の建物は、型枠の中にコンクリートを充填してつくられます。したがって脱型後の表面には、型枠の割付が写し取られています。それをそのまま露出する打ち放しコンクリートが安藤建築の代名詞。国内で最も流通量の多いサブロク板：900×1800mm（約3×6尺）の型枠用合板が使われています。ちなみに、木造建築に使われる構造用合板の場合、日本では910×1820mm、諸外国ではシハチ板：1219×2438mm（4×8尺）が主流となっています。

05 セパ穴間隔＝450×600ミリ

型枠の中にコンクリートを流し込むと型枠用合板を外に押し出す向きの圧力が生じます。この圧力に耐え、壁の厚みを一定に保つためのパーツをセパレータと呼びます。安藤建築の場合、1枚の型枠用合板に6つのセパレータを使うので、6つの穴（通称：セパ穴もしくはPコン）が並んでいるわけです。この格子の間隔は450×600mm。安藤建築における遺伝子です。目地や階段などさまざまな部位が450、600mmの約数や倍数になっていますので探してみましょう。

06　階段の踏面＝300ミリ　蹴上＝150ミリ

　この階段の踏面（1段の奥行き）をよく見ると
セパ穴の間隔ぴったりと合っていることがわか
ります。踏面は300mmです。蹴上（段差）は型
枠用合板900mmを6段に割っていますから
150mmということになります。この階段勾配
は、幅広階段であっても中間に手すりを設ける
必要がない緩やかな角度です。

07　左右で異なる手すりの高さ

　コンクリート壁面に付けられた鉄製の手すり
は、階段昇降時に握って体を支えるためのもの
です。一方、後方のガラス手すりは階段からの
落下防止のために設けられています。目的が違
うのでそれぞれの高さは異なります。

08　セパ穴に揃えられたエレベータのボタン

　セパ穴の間隔は基本的に450×600mmです
が、型枠用合板の寸法900×1800mmが維持
できない小さな壁面ではイレギュラーになりま
す。しかしイレギュラーであっても、ここでは
450×450mmとして対称性を維持。その中央
にボタンが配置されています。

09　壁に紛れた搬入用扉

　左に非常口のサインとドアハンドルが付いた
扉がありますが、大きな作品の搬入時にはその
右側も開けることができるようになっています。
開閉の機構は目地の中に隠れています。

10　安藤印ドアハンドル

　初期の安藤建築から愛用されているこちらの
ドアハンドルは、メーカーである株式会社ユニ
オンの社内でデザインされたものですが、ユニ
オン社内でも安藤型と呼ばれているそうです（製
品番号：T215）。既成色が納入された後、ドア
の色に合わせて塗装されました。

11　コンパネ2枚分の開口部

　今回の展示では閉じられていますが、ロビー
とギャラリー1の間の壁にはガラスの窓が付いて
います。その寸法は、コンクリート型枠用合板
のサイズ2枚分の正方形（1800×1800mm）で
す。畳で言うと2帖、ちょうど1坪になります。

12　トイレのサインはAIGA規格

　トイレの位置を知らせるサインにも標準仕様
が定められています。日本標準はJIS規格、世界

標準はISO規格ですが、21_21 DESIGN SIGHTで採用されたのは、1976年にアメリカ合衆国運輸省（DOT）が増え続ける旅行者のために標準化したAIGAマークです。AIGAはAmerican Institute of Graphic Artsの頭文字。実際にデザインしたのはロジャー・クック氏とドン・シャノスキー氏で、彼らは並ぶ男女のうち男性を「ヘルベチカ・マン」と呼び、さまざまなピクトグラムに展開しました。

13　隠蔽型防火戸

建物内で火災が発生した際には、建物内の居室を適切に区切って延焼を防ぐ必要があります。そのための鉄製防火戸がここに隠れています。またこの開口の高さが抑えられていることによって排煙区画となり、煙が広がることも防止できます。

14　汚れを防ぐ水切り目地

余分な造形を徹底的に排除した抽象的なディテールが安藤建築の特徴ですが、一方で汚れを嫌うのも安藤建築。水切り目地は、壁から回り込んだ水を下に落とすためのディテールで、このたった1本の溝が防汚に役立っています。

15　鋭角コーナーの面取り

三角形を多用するデザインの21_21 DESIGN SIGHTですが、人が触れる可能性のある鋭角の出隅はZ廊下の2ヶ所だけでした。コンクリートの破損や来館者の衝突による怪我に配慮し、鋭角の出隅を極力減らしていったのだろうと推察できます。このコーナーでは、人が触れる可能性のある範囲だけ面取りされています。面取りの寸法は約20mmです。

16　地上につながる非常出口

この扉の向こうには階段があり、非常時には地上に直接出ることができます。避難のための動線ですから、地上では通路に通じています。お帰りの際にぜひ、外から階段を探してみてください。

17　無垢鋼材でできた方立柱

重い鋼板の屋根を支える柱と、ガラスに対し横からかかる風圧力に耐えるための方立てが一体化して並んでいます。最大約11.7mにもなる高さを実現し、さらになるべく視界を遮らないために、この方立柱には無垢鋼材が使われています。その断面寸法は235×69mmです。

見上げてください。この場所では円形の点検口と目地に紛れるような角型の点検口が柱を挟み並んでいます。ルールとデザインのせめぎ合いを感じることができます。

21　厚さ16ミリの鉄板屋根

　長さ54mに及ぶ一枚の布のような屋根を実現するため当初は裏表を鉄板で挟む形式が検討されていましたが、コストや施工性を鑑み、最終的に屋根側に表側だけ厚さ16mmの鉄板を使う仕様になりました。このサイズを工場でつくってしまうと運搬できませんから、現場で慎重に溶接が行われました。平滑さを高めるパテは自動車板金用のものが用いられ、水下の1点に向かう軒先の雨樋も一体化しています。屋根全体で30mmの熱膨張が見込まれています。

＊178–181頁テキスト：早稲田大学吉村靖孝研究室（吉村靖孝、銅銀一真、楊光、黄玥塈、劉丁源、王丸舞子、倉品美沙）

18　ひび割れを誘発するカッター目地

　予想外の箇所にひびが入ってしまうことを防ぐために、広い床面には適切な間隔でひび割れ誘発目地を設けます。なるべく細い目地にする方法が、床の施工後に上から切削するカッター目地です。細くはなるのですが、円盤型カッターの機構上、目地を壁まで到達させることはできず、どうしても隙間が残ってしまいます。

19　階段下スプリンクラー＝散水障害対応

　白い天井を見上げると、点々とスプリンクラーが設置されていることがわかります。火災時には各スプリンクラーヘッドから水を噴霧して消火しますが、この場所は階段の影になってしまう（散水障害）ので、ここだけ低い位置に設置されています。

20　さまざまな形の天井点検口

　安藤建築と言えばコンクリート打ち放しですが、21_21 DESIGN SIGHTの天井は石膏ボードで仕上げられています。この天井裏には、電気の配線や空調の配管などが所狭しと張り巡らされています。それらを点検したり工事したりするために天井点検口が必要になります。上を

〈結婚〉

2021年

遠藤麻衣

　2024年2月現在、オランダやカナダ、台湾を始めとする37の国や地域において、同性婚が法律で認められています。一方日本では、婚姻について定めた憲法第24条で「婚姻は、両性の合意のみに基づいて成立」するとされており、2022年6月に東京都で同性カップルの関係を婚姻同等と承認し証明書を発行するパートナーシップ条例が成立されるなど、自治体単位での取り組みは広がりをみせるものの、同性婚に異性婚と同等の権利が保障されるまでの道のりは、未だ険しい状況にあります。その背景には、婚姻の目的は「自然生殖の可能性のある男女」を保護するためという国の考え方があります。それに伴い、現状の社会システムを維持してきた異性婚を国の繁栄と結びつけることによる差別的な発言も繰り返されてきました。

　この作品は、俳優・美術家の遠藤麻衣が、既存の婚姻制度に囚われない異性間での婚姻契約書をつくる過程を描いた前作（2017年制作）に続き、異性婚に代わる親密な関係性の構築や維持について写真家・森栄喜との対話を収録した映像作品です。既存の制度による保障や控除などの恩恵なしに、個人間の交渉や合意のみによって長期的に関係を維持することは可能なのでしょうか。また、制度の条件から除外された人は、法的保護や社会的尊重は得られない社会でよいのでしょう

か。性的マイノリティに限らず、従来の婚姻自体が家父長制に基づき、女性の犠牲のもとに成り立ってきたという認識も近年高まり、「選択的夫婦別姓」が未だ認められないなかで、事実婚を選択する人たちも増えています。

2024年3月には、札幌高等裁判所によって、同性婚を認めないのは違憲であるという判決が下されました。その理由として、憲法第24条は同性同士も異性間と同様に婚姻の自由を保障しているとし、「人と人との間の自由な結びつきとしての婚姻についても定める趣旨

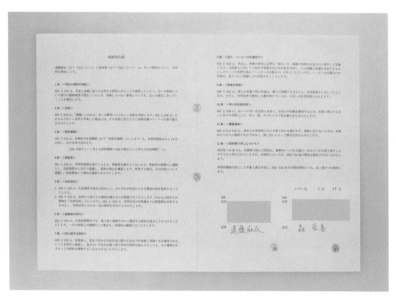

遠藤麻衣《アイ・アム・ノット・フェミニスト! 2017/2021》
2021年につくられた作品では、遠藤と森によって新たに婚姻契約書が作成された。内容には「婚姻」に代わる名称を二人で考案することも含まれるほか、届出に必要な証人に対し人知れず感謝を伝える行為を共同することなどが記されている。

を含むもの」と判断したことが大きな話題を呼びました。婚姻とは、人と人の支え合いが社会的に保障されるために個人が選択できる権利であると考えると、それが平等に与えられていない現在の社会は、不公平なものであると言わざるをえません。今後の法制化に向けてはさ

遠藤麻衣《アイ・アム・ノット・フェミニスト! 2017/2021》
ゲーテ・インスティトゥート東京にて、写真家の森栄喜と結婚契約を作成。

らなる議論と国の対応が必要となりますが、私たちは長年更新されて
こなかった社会規範を塗り替え、あらゆる個人の尊厳とその人が選ん
だ共に生きる相手との関係性が社会に認められる、これからの共同体
の姿を描く過程にいるのです。

And one day,
this friend of hers came over.

Let's say one of them dies and the other
doesn't visit the grave often.

But I want an element of romance,
or the emotions that come with that.

〈料理〉

エル・ブジ（エル・ブリ）は、2011年の閉店まで、その独創的な料理とともに、1年のうち半分しか営業せず、オフシーズンを新しい料理の実験や開発に費やすという独自のスタイルで「世界最高のレストラン」の名をほしいままにしました。

エル・ブジでは、短期的な記録を収めた「創造のファイル」、中期的な記録を収めた「創造のフォルダ」、最後に長期的な記録である「料理年鑑」の3つを作成し、これらを料理をつくるという業務に並行させ、記録と分類を業務の一環にしている点に特徴があります。つまり、顧客に出す完成されたメニューになった段階で記録をするのではなく、アイデアレベルのものであっても、ボツ案になるものであっても、すべて記録し、その後の分類・分析の対象としていました。

エル・ブジの新メニュー開発は、ホワイトボードに貼った大きな白い紙から始まり、そこにさまざまな食材や調味料、調理法を書き出し、それをチェスでもやるかのようにあっちこっちに動かすことで始まり、一定の仮説が生まれたところで、実際に料理してみることでトライ＆エラーを行う、というやり方でした。

エル・ブジの創設者である天才シェフ、フェラン・アドリアは、伝統的に料理業界が頼ってきた直感やひらめきではなく、確立された方法論に基づく記録、分析等をシステマティックに行うことが、新しいアイデアを開発し、実現することにつながるとし、そのことを重視し

ました。また、そうすることで、新たなアイデアを開発する際の直観力も養われると言います。

　このようなエル・ブジやフェラン・アドリアの他とは一線を画する創造性へのアプローチは、書籍『エル・ブリの一日──アイデア、創作メソッド、創造性の秘密』や映画『エル・ブリの秘密　世界一予約が取れないレストラン』（ゲレオン・ヴェツェル監督）でも垣間見ることができます。

フェラン・アドリア、アルベルト・アドリア、ジュリ・ソレル『エル・ブリの一日──アイデア、創作メソッド、創造性の秘密』（清宮真理、小松伸子、斎藤唯、武部好子訳、ファイドン、2009年）誌面（344-345頁、370-371頁）

『100,000 年後の安全』

〈環境〉

　私たちの社会におけるルールは、それが複数人でつくられているものであっても、基本的にはひとりの人間が持つキャパシティをもとに構築されています。世代を超えた視野が必要とされる場合はあっても、数百年、数千年後を視野に入れてつくられているものは、宗教以外にほとんどないと言ってよいでしょう。人間は有限の時間と体を持っており、どんなに理屈上は可能であったとしても、その範囲を超えて確かな判断ができる保証はなく、それはルールに対する人間社会の責任のあり方にも大きく関わっています。

　2009年に公開されたドキュメンタリー映画『100,000年後の安全』（マイケル・マドセン監督）では、フィンランドで実際に進められている、放射性廃棄物を地下400メートル超に埋設し、10万年にわたって保管する最終処分場「オンカロ」を扱っています。オンカロは2024年から25年の間に放射性廃棄物の貯蔵が開始される予定で、2120年に貯蔵施設がいっぱいになると、入口のトンネルは封鎖され地上施設は取り壊されます。貯蔵される放射性物質の半減期は数万年とされており、もしその間に地表に漏れたら、大惨事に発展しかねません。数万年後に人類がもし存在しているならば、彼らにどのような言葉あるいはそれ以外の方法で、その危険性と建物の意味を伝えることができるのでしょうか。またその文明はどのような価値観を持ち、果たして私たちが望むように廃棄物を扱ってくれるのでしょうか。

　日本でも、東日本大震災後の福島第一原発の事故により防波堤の嵩上げが進むほか、陸前高田市では東京ディズニーランド2個半分の広大なエリアに、東京ドーム9個分の土を盛り、海抜10メートルの街に造り変える工事が行われました。しかし宅地として造成された土地の約6割は使い道が決まっておらず、空き地が目立つ状況です。それは一体誰のために行われた工事だったのでしょうか。未だに明確な指針がないまま、原発再稼働や新設の計画は後を断ちません。

　イギリス南西部のウェールズには、「未来世代法」（Well-being of Future Generations Act）という法律があり、議会の政策決定者が、現在と同時に将来の世代のウェルビーイングを向上させるような決定をすることを奨励しています。人間は、自分たちには処理できず、自分たちの命を優に超えて存在し続けるものを生み出してきました。それに対する責任は、ひとりあるいはひと世代に負えるものでは到底ありません。まずはその限界を認め、どのように対処すべきかについて、世代を超えて対話を続けていく方法を模索すべきではないでしょうか。そしてその対話が権力や資金を持つ人たちだけではなく、その土地に住む人たちにも開かれることで、信頼をもとにしたルール形成が初めて可能となるのではないでしょうか。

映画『100,000年後の安全』（監督：マイケル・マドセン、2009）

《滝ヶ原チキンビレジ》　　　　　　　　　　　　　　●

〈建築〉

早稲田大学吉村靖孝研究室

　法を含む私たちの社会のルールは自由意志（意思）や自律性をもった理性的な個人を前提とした人間中心主義でつくられてきました。ですが、急激な環境変動からも明らかなように、このような人間中心主義はもはや維持できないと思われます。鳥インフルエンザによる鶏の防疫殺処分数は過去最多を記録し、低廉な卵の価格を保つための規制緩和をめぐり収賄事件が起こりました。それらの背景には、生産性が優先され鶏の生態に反する劣悪な飼育環境があります。その状況を受け実現された小規模鶏舎の村「チキンビレジ」は、鶏の一羽一羽に巣箱を提供する「個室群鶏舎」と格子状の鶏舎を傾け、とまり木を設ける「傾斜鶏舎」で構成されます。鶏のウェルビーイングを優先することで、人間と家畜との関係性を問い直す作品です。人間以外の動物にもルールがあり、それは人間とどのように同じで、どのように違うのかを考えることは、人新世（アントロポセン）における法やルールのあり方を考えるうえで、重要になってくるのではないでしょうか。

（上）提供：吉村靖孝研究室
（下3点）21_21 DESIGN SIGHT 企画展
「ルール？展」展示風景

191

〈社会〉

NPO法人スウィング

　固定化された「まとも」に揺さぶりをかけるNPO法人スウィングは、人の「働き」を「人や社会に働きかけること」と再定義し、障害のある人とない人が「市民活動」や「社会福祉活動」、「ソーシャルアート」などと名前を変えながら、さまざまな創造的実践を展開・発信しています。障害のある人が通う施設の創作活動としては、絵画や手芸などによる表現活動を行うのが一般的ですが、絵・詩・ものづくりの芸術創作活動「オレたちひょうげん族」の他に、全身ブルーの戦隊ヒーローに扮して清掃活動を行う「ゴミコロリ」や、施設内に公共図書館の"ふり"をした誰もが気軽に立ち寄れる居場所を設けるなど、型にはまらない実践を通して地域に開いた活動を行っているのが特徴です。その活動のひとつである「京都人力交通案内『アナタの行き先、教えます。』」は、京都市営バスの路線・系統についてずば抜けた"ヘンタイ"的記憶力を持つメンバーのQとXL、2人の案内を仲介する木ノ戸昌幸が、京都の街に繰り出し、誰に頼まれたわけでもなく観光客やその他困っている人たちに対して難解な路線バスの案内をする活動です。

　京都市営バスは京都市の主要な交通手段で、市内の移動には必要不可欠な存在にも関わらず、路線数は74系統あり、特に不慣れな観光客や外国人には路線が複雑でわかりにくいと言われています。また、街での活動の許可は複雑に管轄が分かれ、利益を目的としない彼らの

活動は、それらの狭間にあります。この活動では、メンバーが気が向いたときに街に繰り出し、人間が人間のために構築したはずがいつの間にか複雑になり過ぎたシステムをほどいていくことによって、そのシステムから置いていかれた人たちを独自の方法で助ける、ユーモラスで痛快なやりとりが垣間見られます。もしこれが「サービス」となってしまうと、今度はこの交通案内自体が労働となり、ルール化され、義務的なものに変わってしまうのかもしれません。彼らの活動は、頼まれていない、利益を目的としない、気が向いたときに行うことで、ルールのあり方、ひいてはルールに縛られた社会の閉塞感に対する緩やかな抵抗を実践しているのです。

＊ 現在、運営法人は「株式会社NPO」に変更されているが、ここでは展覧会開催当時の表記「NPO法人スウィング」に統一している。
また、「京都人力交通案内『アナタの行き先、教えます。』」の様子は、木ノ戸昌幸のnoteで見ることができる。
https://note.com/swing2006

NPO法人スウィング《京都人力交通案内「アナタの行き先、教えます。」》
21_21 DESIGN SIGHT企画展「ルール?展」展示風景
撮影：吉村昌也

京都人力交通案内 フフタの行き先、教えます。

京都駅に行かれる方はどうぞ
If you're going to Kyoto Station, please go ahead.

京都人力交通案内 フフタの行

京福、

京都人力交通案内 フフタの行き先、教えます。

後に来たバスが 先に来る場合もあるから
Sometimes the bus that is supposed to come later comes first.

京都人力交通案内 フフタの行

こっ
At what tim

① 困っている人を見つけ、声をかける
（もしくは困っている人から声をかけられる）

② 行き先を聞く

③ 最適な京都市営バスの系統や乗り継ぎを、
記憶だけを頼りに最大2パターン考える

④ ③の内容を案内用紙にわかりやすく記入し、
お渡しする

（担当：Q・XL）

（担当：木ノ戸）

つまり チームワークが 大切です
In other words, teamwork is important.

京都人力交通案内 フフタの行

京都人力交通案内「フ
"Kyoto Human Power Bus Guid

NIA

のか
od

二条城から京都駅
From Nijo Castle to Kyoto Station

3分
3 minutes.

先、教えます。」です！
ow to get to the destination"

排除アートに対抗するベンチ

〈都市〉

　公園や路上で見かけられる仕切りのついたベンチや広場で見られる突起は、路上や駅、公園などのパブリックスペースにおいて人が休むための場所のように見せつつ、ホームレスや街にとって好ましくないとされる人々が寝そべったり滞留したりしないよう "排除" する役割を果たしています。建築史家の五十嵐太郎によれば、英語では「Hostile architecture（敵対的な建築）」、もしくは「Defensive urban design（防御的な都市デザイン）」と呼ばれますが、日本では「排除アート」という名称が使われています。その違いには、特定の機能を持たないよくわからないものを「アート」と呼ぶ日本のアートの認識の歪みが見られ、排除という悪意を隠す目的で用いられるデザインの倫理的問題も感じさせます。五十嵐は、日本における排除アートは、1990年代後半から監視カメラの普及と同時期に広まったとし、社会全体の不寛容とセキュリティ意識の増大と関係していると言います。しかし、排除アートの普及が実際にホームレスの減少につながったとは必ずしも言えず、彼らが街から不可視化されたというだけに過ぎません。

　通常アフォーダンスは、人間と環境とのインタラクションを容易にするために用いられますが、排除アートでは禁止であることを言葉やサインで明示することなく、特定の身体や行為を拒否するデザインが逆説的に用いられています。またそれは、民主的な方法で決められたものではなく、ベンチを発注する権限を持つ、土地の管理者の意向に

よって独断的に決められたものです。デザインはそのように、形をもって権力を行使しうるのです。そうしてできあがったベンチは、限られた健常者の使用を前提としているだけでなく、ベンチで休むという行為自体を限定的なものにしています。

　2019年、東京ビエンナーレのプレイベントにおいて、東京都中央区の京橋にベンチを設置するプロジェクトが株式会社グランドレベルによって展開されました。しかし、イベントでの好評を受けてベンチを常設化する計画を進める過程で、ビルの管理者から手すりの設置を要望されました。検討の結果、座面裏にあるネジを外せば移動が可能な突起を設けることで、せめてもの抵抗がデザインに込められました。しかし、突起が固定された状態での設置となったことから、ベンチへの批判ツイートが話題を呼び、期間限定ですがネジが外されることとなりました。また2023年には、平塚市の市議の働きかけにより、JR平塚駅前のベンチの仕切りを取り除くことができた事例も生まれています。誰かによって街中に存在していい人が決められ、それ以外の人を巧みに排除していく社会が、密かにデザインされているのです。私たちは目に見えているものの背後にあるルールにも意識を向け、声を上げる必要があります。

京橋スクエアガーデンのベンチ。ネジを外せば突起が移動可能になる工夫が施されている

《あなたでなければ、誰が？》 ●

〈民主主義〉

2021年

ダニエル・ヴェッツェル（リミニ・プロトコル）　田中みゆき
小林恵吾（NoRA）× 植村遥　萩原俊矢×N sketch Inc.

　本来は個別に存在するはずの私たちの意志は、集まる数が大きくなるほど、数字に変換されることによって大きな括りに取り込まれ、実体を失っていきます。それは民主主義を効率良く実現するために必要なプロセスである一方、多数派の答えが優先される過程で小さな声が見落とされることが避けられない方法でもあります。一方で、SNSの普及により、自分と近い意見や思考を持った人たちの意見ばかりが目に入ってくるエコーチェンバーといった現象は民意とは何なのかをさらに見えづらくしています。もし数字ではなく、一つひとつの回答が実際に答えた人の実体を伴って示されるなら、私たちの意思決定はどのように変わっていくのでしょうか。

　ベルリンを拠点に活動し、現代社会の諸問題をテーマとする演劇集団、リミニ・プロトコルは、《100％トーキョー》（2013年）で、当時の東京の人口統計に基づいて集められた100人の市民へのライブ意識調査を演劇として上演しました。この作品は、それに着想を得て、各回14名の鑑賞者が壇上に上がり、「民主主義」「経済」「人新世」「超越（死生観）」の4つのテーマごとに分けられた12問の質問に回答しながら、自ら統計のサンプルとなる体験型展示です。鑑賞者は質問ご

とに多数派と少数派に分けられ、テーマを通した擬似的な社会と自分との関係が見えてきます。またそれは、一般市民を対象とした統計や、それまでの来場者の統計と比較されます。多数派に含まれない答えが生身の身体を伴って同じ舞台上に存在するとき、その回答の存在を完全に否定することは容易ではありません。また、100%のYESやNOがほとんど成立し得ない事実にも、改めて気づかされます。コロナ禍を経て、さまざまな社会構造の不均衡やそれに伴う問題が明らかになった今、他者と自分とを分ける境界線も、これまでとは違った様相を帯びています。社会としての意思決定を進めつつ、個別の意見を尊重する仕組みは、どのようにつくっていくことができるのでしょうか。

〈ダニエル・ヴェッツェル（リミニ・プロトコル）田中みゆき 小林恵吾（NoRA）×植村遥 萩原俊矢×N sketch Inc.《あなたでなければ、誰が?》2021
21_21 DESIGN SIGHT 企画展「ルール?展」展示風景 撮影：吉村昌也

〈「死後の世界」とは〉に対する答えを4つの選択肢の中から選ぶ来場者の様子。
ダニエル・ヴェッツェル（リミニ・プロトコル）田中みゆき 小林恵吾（NoRA）×植村遥 萩原
俊矢×N sketch Inc.《あなたでなければ、誰が?》2021
記録映像より。映像制作：青山真也、近藤志保（Limitmaker film）、宮澤響、渡辺俊介

《ひとりの髪を9人の美容師が切る（二度目の試み）》 ●

〈協働〉

2010年

田中功起

　ドイツの芸術家のヨーゼフ・ボイス（1921-1986）は、「社会彫刻」という概念を提唱し、「あらゆる人間（芸術家）は自らの創造性によって、未来に向けて社会を彫刻し、社会の幸福に寄与しなければならない」と呼びかけました。私たちは、成長の過程でさまざまなレイヤーのルールを身につけていきます。個人や家庭のルールに始まり、学校や地域コミュニティ、会社などの特定の集団の中で適用されるルール、法律や交通ルールなど人間としての安全な社会生活を保障するルールの他、さらに教育や仕事の過程で各専門分野に固有のルールを身につけていきます。年を重ねるごとにそれらのルールは内面化されていきますが、本来あらゆるルールは他者とともに幸福に生きるために人間が創造したものであるはずです。

　この作品は、アーティストの田中功起による、さまざまな職業の人々による協働作業を記録した一連の映像作品のひとつです。年齢や性別、文化や経験の異なる9人の美容師たちが、一人の女性の髪を切りヘアスタイルを完成させることが目指されます。つまり、同じ専門性の中でそれぞれのやり方でルールを培ってきた人たちが集まり、協働してひとつのものをつくる過程が記録されています。ある人が配慮なく切りすぎると他の人の切る場所がなくなり、残された髪が短く

なっていくほどに、それぞれのイメージの齟齬も顕著になっていきます。その様子からは、他者との関わりのなかでルールを扱う場合、ルールはあらかじめ自明なものではありえず、運用する人たちのあいだでままならない現実との折り合いをつけ、思惑の異なる他者と時に衝突しながら更新されていくものであることがうかがえます。また、タイトルにある「（二度目の試み）」は、一回目では上手くいかなかったことを想像させます。田中は、協働のプロセスを交渉と妥協の過程ととらえ、そこに生まれるマイクロ・ソサイエティ（小さな社会）の姿を、造形という目に見える形を通して描き出していると言います。その過程は失敗や葛藤、不満も含めて記録されていますが、さまざまな人が何とか折り合いをつけながら目的を遂行しようとするときに発揮される創造力も同時に感じさせます。

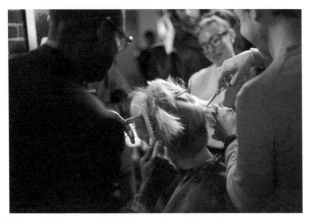

田中功起《ひとりの髪を9人の美容師が切る（二度目の試み）》2010
photo courtesy of the artist, Vitamin Creative Space, Guangzhou and Aoyama Meguro, Tokyo
Production photography: Tomo Saito

田中功起《ひとりの髪を9人の美容師が切る（二度目の試み）》2010
photo courtesy of the artist, Vitamin Creative Space, Guangzhou and Aoyama Meguro, Tokyo
Production photography: Tomo Saito

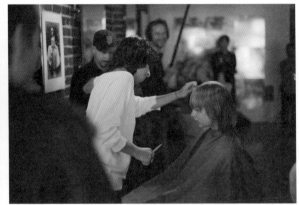

鬼ごっこのルール ●

〈ゲーム〉

　遊びやゲームを遊んだり考えたりするということは、ルール自体を
設計するということにつながります。特に特別な道具を必要としない
鬼ごっこやじゃんけんのような遊びは、ルールそのものを直接扱って
いるように見えますし、ビデオゲームの設計では小さなルールの集合
をプログラムによって制御することでつくられています。

　遊びにおけるルールは生き物であり、サイクルがあり、完成したら
後は変更されないということはありません。ビデオゲームなど製品と
して販売されているゲームは、パッケージ化されるためいったん「完
成」されそれが不変のもののように一見見えますが、たとえばRTA
（Real Time Attack）と呼ばれる、ゲームをはじめてからクリアする
までの時間をデータのロード時間なども入れて競うプレースタイルが
海外を中心に盛り上がっているように、すでに完成されたゲーム自体
を「どう遊ぶか」といった遊び方のルールについては、発売されてか
ら年数が経った後でも次々と新しいルールが開発されています。

　こういった事例に拠らずとも、私たちは子どもの頃から友達との遊
びの中で、半ば自然発生的にルールをつくり、試し、修正し、また試
すというプロセスを繰り返しながら、ルールを変えることで人の動き
や役割、環境の使い方が変わり、それによってゲームの面白さが変化
するという経験を培ってきました。特に本作品で取り上げた鬼ごっこ
のような遊びであったり、カードや駒などを使用したアナログゲーム

のようなものは、ゲーム≒ルールとすら言えるため、ルールを更新すること自体が遊びの存在自体を生まれ変わらせ、その体験や価値が次々と変化していきます。

　鬼ごっこでは「鬼がいる」という基本ルールからはじまり「子がいる」というルールが追加されることで「鬼は子を捕まえる」という私たちのイメージする鬼ごっこのようなものになりますが、そこから「子は捕まるとゲームから離脱」というルールが追加されると「減らし鬼」という遊びになり、「子は捕まると鬼になる」「鬼がどんどん増えていく」というルールが追加された場合には「増やし鬼」という遊びになります。わずかこれだけの違いでも、次々とプレイヤーが減って最終的には鬼と一対一の関係へと絞り込まれる遊びと、周囲の人が次々と鬼に変わることで、鬼が一人追いかけていた状況から、多くの鬼に追いかけられる状況へと変化していく遊びでは、その場の判断やスリルなど遊びの質が大きく異なるものになることがわかります。本作品では、鬼ごっこをベースとして派生したさまざまな遊びのルールが追加・変更された変遷を示すことで、遊びの面白さや個性とルールの関係性を示しています。

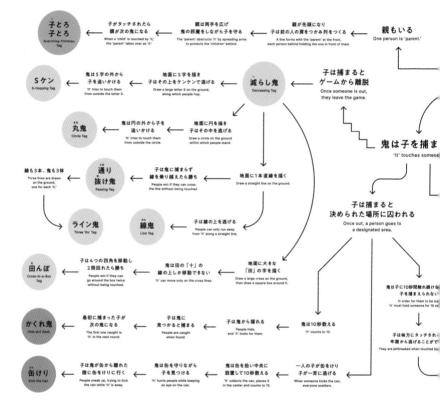

子とろ子とろ
Snatching-Children Tag

子がタッチされたら親が次の鬼になる
When a 'child' is touched by 'It', the 'parent' takes over as 'It.'

親は両手を広げ鬼の邪魔をしながら子を守る
The 'parent' obstructs 'It' by spreading arms to protects the 'children' behind.

親が先頭になり子は前の人の肩をつかみ列をつくる
A line forms with the 'parent' at the front, each person behind holding the one in front of them.

親もいる
One person is 'parent.'

Sケン
S-Hopping Tag

鬼はS字の外から子を追いかける
'It' tries to touch them from outside the letter S.

地面にS字を描き子はその上をケンケンで逃げる
Draw a large letter S on the ground, along which people hop.

減らし鬼
Decreasing Tag

子は捕まると
ゲームから離脱
Once someone is out, they leave the game.

丸鬼
Circle Tag

鬼は円の外から子を追いかける
'It' tries to touch them from outside the circle.

地面に円を描き子はその中を逃げる
Draw a circle on the ground within which people stand.

通り抜け鬼
Passing Tag

線も3本、鬼も3体
Three lines are drawn on the ground, one for each 'It.'

子は鬼に捕まらず線を乗り越えたら勝ち
People win if they can cross the line without being touched.

地面に1本直線を描く
Draw a straight line on the ground.

鬼は子を捕ま
'It' touches someon

ライン鬼
Three 'Its' Tag

線鬼
Line Tag

子は線の上を逃げる
People can only run away from 'It' along a straight line.

子は捕まると
決められた場所に囚われる
Once out, a person goes to a designated area.

田んぼ
Cross-in-a-Box Tag

子は4つの四角を移動し2周回れたら勝ち
People win if they can go around the box twice without being touched.

鬼は田の「十」の線の上しか移動できない
'It' can move only on the cross lines.

地面に大きな「田」の字を描く
Draw a large cross on the ground, then draw a square box around it.

鬼は子に10秒間触れ続けな
子を捕まえられない
In order for them to be ou 'It' must hold someone for 10 se

子は味方にタッチされ
牢屋から逃げることがで
They are jailbreaked when touched by

かくれ鬼
Hide and Seek

最初に捕まった子が次の鬼になる
The first one caught is 'It' in the next round.

子は鬼に見つかると捕まる
People are caught when found.

子は鬼から隠れる
People hide, and 'It' looks for them.

鬼は10秒数える
'It' counts to 10.

缶けり
Kick the Can

子は鬼が缶から離れた隙に缶をけりに行く
People sneak up, trying to kick the can while 'It' is away.

鬼は缶を守りながら子を見つける
'It' hunts people while keeping an eye on the can.

鬼は缶を拾い中央に設置して10秒数える
'It' collects the can, places it in the center and counts to 10.

一人の子が缶をけり子が一斉に逃げる
When someone kicks the can, everyone scatters.

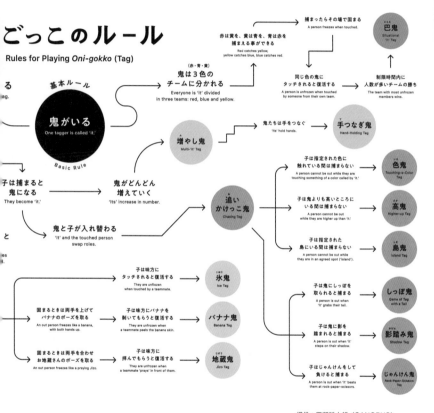

ごっこのルール
Rules for Playing *Oni-gokko* (Tag)

（赤・青・黄）
鬼は３色の
チームに分かれる
Everyone is 'it' divided
in three teams: red, blue and yellow.

赤は黄を、黄は青を、青は赤を
捕まえる事ができる
Red catches yellow,
yellow catches blue, blue catches red.

捕まったらその場で固まる
A person freezes when touched.

巴鬼
Situational
'It' Tag

同じ色の鬼に
タッチされると復活する
A person is unfrozen when touched
by someone from their own team.

制限時間内に
人数が多いチームの勝ち
The team with most unfrozen
members wins.

基本ルール

鬼がいる
One tagger is called 'it.'

Basic Rule

鬼たちは手をつなぐ
'Its' hold hands.

手つなぎ鬼
Hand-Holding Tag

増やし鬼
Multi-'It' Tag

子は捕まると
鬼になる
They become 'it.'

鬼がどんどん
増えていく
'Its' increase in number.

鬼と子が入れ替わる
'It' and the touched person
swap roles.

追い
かけっこ鬼
Chasing Tag

子は指定された色に
触れている間は捕まらない
A person cannot be out while they are
touching something of a color called by 'it'.

色鬼
Touching-a-Color
Tag

子は鬼よりも高いところに
いる間は捕まらない
A person cannot be out
while they are higher up than 'it'.

高鬼
Higher-up Tag

子は指定された
島にいる間は捕まらない
A person cannot be out while
they are in an area called spot ('island').

島鬼
Island Tag

子は味方に
タッチされると復活する
They are unfrozen
when touched by a teammate.

氷鬼
Ice Tag

固まるときは両手を上げて
バナナのポーズを取る
An out person freezes like a banana,
with both hands up.

子は味方にバナナを
剥いてもらうと復活する
They are unfrozen when
a teammate peels the banana skin.

バナナ鬼
Banana Tag

固まるときは両手を合わせ
お地蔵さんのポーズを取る
An out person freezes like a praying Jizo.

子は味方に
拝んでもらうと復活する
They are unfrozen when
a teammate 'prays' in front of them.

地蔵鬼
Jizo Tag

子は鬼にしっぽを
取られると捕まる
A person is out when
'It' grabs their tail.

しっぽ鬼
Game of Tag
with a Tail

子は鬼に影を
踏まれると捕まる
A person is out when 'it'
steps on their shadow.

影踏み鬼
Shadow Tag

子はじゃんけんをして
負けると捕まる
A person is out when 'it' beats
them at rock-paper-scissors.

じゃんけん鬼
Rock-Paper-Scissors
Tag

提供：平瀬謙太朗（CANOPUS）

コロナ禍における道路占用許可基準の緩和

〈都市〉

　道路、公園、河川といった公共空間（パブリックスペース）を市民のための空間として利活用する、という世界的な潮流のなかで、日本では道路の利活用が長年の懸案事項でした。日本では、河川や公園といった他の公共空間は行政が管轄していますが、道路に関しては警察が管轄しており、市民生活の質の向上や街の賑わいといった価値よりも、どうしても安心・安全といった価値が優先されがちだったからです。しかし、公共空間を市民の生活の質を向上のために利用するという観点や、ウォーカブルシティ（歩行者中心にデザインされた街やその考え方）の価値の高まりがあり、車道が使用されていない時間帯にベンチ等を配置し人のための空間として転用する「パークレット」等、世界中の都市で道路を「車のための空間」から「市民のための空間」へと開放する試みが加速するなかで、日本においても佐賀県などの地方でさまざまな実証実験が積み重ねられてきました。

　そのようななかで、2019年に発生した新型コロナウイルス感染症の感染拡大の影響により、人が店内に密集しやすい飲食店等について、テイクアウトやテラスでの営業等、沿道にせり出す形での道路の利用のニーズが高まりました。そこで、政府は佐賀県が先行して実施していた「SAGAナイトテラスチャレンジ」等を参考に、飲食店等を支援するための緊急措置として、地方公共団体と地域住民・団体等が一体となって路上利用に伴う道路占用許可に当たり、「無余地性の基準」等

について弾力的な判断を行うことにより占用許可基準を緩和することとしました。

「無余地性の基準」とは、道路管理者が道路占用許可の可否を判断する際に考慮する基準で、道路の敷地外に余地がないためにやむを得ない場合である場合に限り占

飲食店が歩道に設けたテラス席のイメージ
（出典：国土交通省、佐賀県）

用を許可するという基準です。この基準により都市再生特別措置法による特例占用許可制度のような一部の例外を除いて、道路でやらず敷地で可能なことは敷地でやればよし、という考えに基づき、道路空間の利活用において最大のハードルとなっていました。

重要なことは、このコロナ禍における道路占用許可の基準緩和の取組みは、単にコロナ禍だから実現できたわけではないということです。コロナ禍以前から日本各地の道路利用に関する優れた実験・実証の取組みがあったからこそ、この画期的な規制緩和は実現したと言えるでしょう。この特例制度は当初の期限である2022年9月30日が2023年3月31日まで延長され、終了しました。今後は道路占用をより柔軟に認める「歩行者利便増進道路（ほこみち）」制度への円滑な移行が期待されています。

《葛宇路》

〈交通〉

2017年

葛宇路（グゥ・ユルー）

「路」は、中国語で道や通りを表します。2013年、北京市内の名も
なき道路に、アーティストの葛宇路（グゥ・ユルー）が自分の名であ
る「葛宇路」と書かれた標識を設置しました。すると、それはそのま
ま数年間撤去されないどころか、実際に中国の地図サービスや
Googleマップに反映され、検索や宅配などでも使われるようになり
ました。それは当初、作家自身も想定していなかった出来事でした。
その後、卒業制作として標識が話題を呼んだことでSNSやマスメ
ディアに取り上げられ、その結果中国当局によって標識は撤去されま
した。報道を受け、実際に道に標識を立てる人たちが後に続いたそう
です。どのような手続き上の隙間をかいくぐってこの命名が公式のも
のとして承認されたのか、詳細は明らかになっていません。もし彼が
自分の作品として発表しなければ、現在も名前が残ったままだったか
もしれません。この一連の流れは、中国における巨大な権力の監視下
に置かれた社会システムに対する抵抗であり、公共という概念や管理
体制に疑問を投げかけます。

　葛いわく、中国においては、道路標識を設置するのに公的許可が必
要かはグレーゾーンにあり、作家としては自分の後に続いて看板を掲
げる人たちが全国に現れたことが何より喜ばしい反応だったと後に話

しています。本作品は、創造的手法を用いた社会への介入であると同時に、政府の抑圧下において無力さを感じている市民たちをエンパワメントする活動でもあったと捉えることができます。

葛宇路《葛宇路》2017
© Ge Yulu, Courtesy of the artist.

こちらより、Google マップ上で
実際の道路名がご覧いただけます

デジタル民主主義プラットフォーム ●

〈民主主義〉

　政治的な代表者を選ぶという代表民主制のもとでは、法令や予算といった国や地方自治体の政策に私たちの意見を反映させる仕組みは限られています。その数少ない仕組みとしてパブリックコメント制度（意見公募手続）があります。パブコメ制度は、法令等の案に対して広く意見を募ることにより、行政運営の公正性・透明性を確保するためのもので、行政手続法に定められていますが、意見集約・反映の手法として限界があることも指摘されています。

　また、私たちのことは私たちで決める、という民主主義において、「私たち」という異なる多数の意見を集約する仕組みが必要になります。この集約の手法として多数決があり、民主主義におけるルールと多数決は密接不可分の関係と考えられてきました。たとえば、憲法は、国会の議事について出席議員の過半数で決議し（56条2項）、憲法改正については衆・参両議院の総議員の3分の2以上の賛成で発議し、かつ、国民投票において過半数の賛成を必要とする（96条1項）等、原則として多数決の手法を採用しています。一方で、民主主義のもとでは一人ひとりの人間はみな平等であり、少数派の意見を尊重しなければならないとされています。

　よくよく考えてみれば当たり前ですが、多数決は少数意見を汲み取る手法ではなく、むしろ排除する仕組みです。また、投票する候補者や候補者が持つ意見の間にあるグラデーションに対応しづらい

（票割れに弱い）面があります。多数決は本当に私たちの意見を集約する手法として優れているのでしょうか。多数決を前提とする場合でも、少数意見を政策に汲み入れることができる、より優れた意思集約の方式はないでしょうか。私たちには多数決を自明視する固定観念を疑い、良い意見・意思の集約の方法がないかを探求する視点がもっと必要です。

　このように、代表制や多数決による意思集約にいかに少数意見を反映させていくかは民主主義の重要課題ですが、シビックテック（市民がテクノロジーを活用して地域課題を解決する取り組み）や「Decidim」等のデジタル民主主義プラットフォームはそのひとつの解決策になり得ます。このような政策形成における公民連携は「政策デザイン」という形で公共政策の分野や「参加型デザイン」「コ・デザイン」といった形でデザインの分野でも注目されています。シビックテックのリソースやデジタルプラットフォーム上での熟議の限界についても認識しつつ、積極的に活用されることが望まれます。

一般社団法人コード・フォー・ジャパン「のびしろ、おもしろっ。シビックテック」
https://www.youtube.com/watch?v=lOx4q346aRw

LEGAL SHUTTER TOKYO ●

〈地域〉

　LEGAL SHUTTER TOKYO（以下、LST）は、主に海外のグラフィティ・アーティストと日本の商店街にあるシャッターをつなげるプロジェクトです。

　日本におけるグラフィティの議論は、グラフィティは違法で、それが許容されない日本の文化はダメで、海外は寛容だよね、という違法／適法の二元論に終始してしまい、そこから先に話が進むことはほとんどありません。一方で、町に合法的に壁画・ミューラルを描くリーガル・ウォール（Legal Wall）のプロジェクトは日本でも増えていますが、あらかじめ許諾を得る方法ではグラフィティとは呼べない、という意見も根強いようです。LSTは、どちらかというとリーガル・ウォールに似たような事前許諾の仕組みですが、そこには対価関係は発生していません。町に描きたいというグラフィティ・アーティストの欲求に基づく作品の提供と、シャッターというキャンバスの提供を物々交換することで成立しています。また、シャッターに描くグラフィティはアーティストの裁量に委ねられており、シャッターを提供する側は絵を指定することはできません（もちろん好み等を伝えることは自由です）。そして、興味深いのはアーティストがシャッターに描いていると、前を通りかかる人や立ち止まってそれを眺めている人、話しかけてくる人たちなど、アーティストと街とのインタラクション（相互作用）が発生します。そのようなLSTの仕組みが育むインタラ

クションには、違法／適法の二元論を超えた、新しい文化を醸成して
いく契機があるように思います。このような事前許諾のルールをつく
ることは誰もが始められることです。このように新しい文化が生まれ
る起点を誰もがつくりだすことができる状況をルールによって生み出
すことができるという事実に、可能性を感じます。

提供：LEGAL SHUTTER TOKYO　https://www.instagram.com/legalshuttertokyo/

217

《自分の所有物を街で購入する》

〈経済〉

2011年

丹羽良徳

　この作品は、アーティストの丹羽良徳が、自身が持ち込んだ所有物を同じ商品が売られる店頭に置くことでいったん商品として資本主義のシステムの中に戻し、貨幣と交換することで再び自分のものにすることが繰り返される様子を記録した映像作品です。本来、店舗と顧客との間の売買契約の成立をもって、店舗に帰属していた商品の所有権は顧客に移ります。しかし、この作品においては、丹羽の所有物は店のものではないにも関わらず、それに店員が気づくことはなく、金銭のやり取りが行われます。つまり、支払った余剰のお金だけが店舗に残る仕組みになっています。

　私たちの社会は、今のところ資本主義から逃れることができていません。現状の経済の構造においては、ほとんどのモノが中身や出自に関わらず記号的にお金と交換され、流通しています。つまり、あるモノがどこで生産され、どのようなルートをたどって売り場に置かれ、貨幣に交換するに値する商品であるのか、消費者からは確かめる術がないほど、そのシステムは見ることのできないものとして発展してきたのです。その代わりに、消費者は自らの労力や時間を使ってそれらを一つひとつ確かめなくても一定の質が保証された商品を手に入れることができるという恩恵を享受してきました。さらに、店舗でモノを

買うという行為自体が減ることで、その構造はますます不可視化され
ています。コロナ禍によって、そういった不可視化された流通に関わ
る人たちはエッセンシャルワーカーとして注目を集めましたが、過重
労働や労働力不足といった問題の改善には至っていません。システム
によってのみ担保されてきた信頼が揺らぐとき、私たちは何をもって
商品の価値を判断し、どのような手続きでそれを手に入れるのでしょ
うか。

丹羽良徳《自分の所有物を街で購入する》2011
21_21 DESIGN SIGHT企画展「ルール?展」展示風景　撮影：吉村昌也

Keep this receipt until you go out the store
レシートは店内出るまてお持ちください

丹羽良徳《自分の所有物を街で購入する》2011
ビデオスティル｜撮影：日高真理子

スクワット

〈都市〉

　スクワットは、誰も住んでいない建物や場所を、所有権も、賃借権も、使用権も持たずに占有する行動で、イギリス、ドイツ、オランダなどの欧州の一部では、そのような行動を一定の条件下で許容するスクワット文化が認められてきました。なかでもアムステルダムは、「1年以上空いており、使用されていない土地建物を占拠しても罪に問われない」という法律を制定し、スクワットを法的に容認していたことで注目されています。これは1985年頃から景気が低迷し、土地や建物が投機目的で放置されるのを防ぐことが目的であったと言われています。しかし、2010年に新法がつくられ、スクワットは違法行為となりました。日本では、不法占拠・占有は違法行為であり、所有の意思をもって10年間占有し続けることにより時効取得が認められるに過ぎません。しかし、アムステルダムに限らず、都市部において投資目的で使用されない不動産が増えたり、資本があるチェーン店しか不動産を使用できなくなれば、街や都市の魅力が下がっていきます。これはいわゆる「ジェントリフィケーション」と呼ばれる都市の病の一部を構成する問題です。このような視点でみると、スクワットは単なるアナーキーな行動ではなく、都市・地域活性化において重要な政策のひとつとして位置づけることも可能になります。

　スクワットとは異なりますが、コロナ禍において、ニューヨーク州ロングアイランドの東端にある華やかなリゾート地サウサンプトンで

は、「Storefront Art Project」というプロジェクトが実施されました。1ヵ月以上の空き店舗がある家主に、地元のアーティストと協力し、空き店舗のショーウィンドウをアート作品で活気づけるよう求める条例が制定されたのです。これはスクワットそのものではありませんが、空き家・空き地対策や不動産の所有権・賃借権の柔軟化につながるでしょう。都市の空洞化・スポンジ化の問題は先進諸国において喫緊の課題です。そうした観点でみると、スクワットは一定の条件下では都市を活性化する起爆剤ともなり得ますし、そもそも街や都市は誰のためのものであるべきかという原点を再認識させてくれます。

アムステルダム、Spuistraat 126 のスクワット物件
Ben Bender, CC BY-SA 3.0 (Wikimedia Commons)
https://commons.wikimedia.org/wiki/File:Binnenstad,_Amsterdam,_Netherlands_-_panoramio_(37).jpg

『DEATH STRANDING』

〈ゲーム〉

　『DEATH STRANDING』は、コジマプロダクションにより制作され、2019年にソニー・インタラクティブエンタテインメントよりプレイステーション4用ソフトとして発売されたゲームです。国家が崩壊し、分断された北米大陸を舞台に、主人公である配達人のサム・ポーター・ブリッジズが物資を運びながら通信網を接続して人や都市をつなぎ直す物語です。ひとりの人間であるサムには持てる荷物や道具の量に限りがあり、荒地や勾配が急な山道などを進むため、荷物を持ち過ぎるとバランスを崩して転倒したり、転んで荷物を傷つけたりしてしまいます。

　従来のゲームであれば、移動は副次的なイベントに過ぎず、また自分に必要のない道具は売ったり捨てたり、せいぜい仲間内で交換する程度だったでしょう。しかし、このゲームでは、オンライン上でつながっている他のプレイヤーたちの設備や落としていった道具が、自分の世界にも反映されます。つまり、姿こそ直接見えないものの、他人の行動の痕跡を間接的に知ることができるのです。そして、過酷な道中で他のプレイヤーの残していった道標や道具に助けられたり、その痕跡に励まされたりする経験を重ねていくうちに、次に取る行動は自分のためだけでなく他の誰かの役に立つようにという、利他とサステナビリティの両方の側面から考えるようになるのです。しかもそこに報酬は発生せず、得られるのは「いいね」のみ。これまでのゲームの

世界では、他人とプレイする場合、対戦相手であれ仲間であれ、自分の能力を磨き敵を倒したり、より高い点数を取ることが主旨のものが多くつくられてきました。しかし企画・脚本・監督・ゲームデザインを手がけた小島秀夫は、手紙のように、送る側と受け取る側にタイムラグがあるからこそ、相手のことを想像し思いやりが生まれるのではないか、と話しています。

　プロローグでも引用される安部公房の短編小説「なわ」では、棒は"遠ざける"ための道具、縄は"引きよせる"ための道具であると書かれています。小島は、従来のアクションゲームに登場する道具のほとんどは棒ですが、この作品では縄に相当するものを通じて交流してほしいと語っています。このゲームは、戦うことよりもつながりを回復することが目的とされているという意味で、コロナ禍の現実世界とも重なる新しいゲーム世界を提示しました。それは、ゲームの範疇を超えて、これまで資本主義と密接に結びついてきた能力主義や競争といった概念とは異なる結びつきで生まれうる世界観をも示しています。

『DEATH STRANDING』（ソニー・インタラクティブエンタテインメント／コジマプロダクション、2019）のプレイ画面。岩山に登るのに必要なロープが他のプレイヤーによって張られており、それを使ったであろう多くの人が「いいね」を送っている。

「弱いロボット」

〈技術〉

　科学技術はこれまで、より早く、より効率的に、より正確な方向へ
と人間の能力を補ったり強化したりする目的に向かって開発されてき
たといえます。それは、社会全体の発展に貢献してきた一方で、その
規範に合わない人たちを置いていきながら洗練されてきました。一方、
人間の間でもロボットのように一人で何でもこなすことのできる自立
／自律性や効率が志向され、そこからはみ出る人への不寛容が広がっ
てきました。そういった意味で、科学技術はエイブリズム（健常者の
身体や能力を基準にした規範に基づく差別）を強化してきた側面が
あったといえます。

　一方で、そのように常に正確で強く、一人で何でもこなすことがで
きることを前提につくられた社会に警鐘を鳴らす科学技術の研究も行
われています。たとえば、豊橋技術科学大学の岡田美智男は、「弱い
ロボット」を研究してきました。そのなかのひとつ、「ゴミ箱ロボッ
ト」は、ヨタヨタと歩くだけで自分ではゴミを拾う機能は持っていま
せん。しかし、ゴミ箱がぎこちなく動くことで、周りの人が見かねて
ゴミを入れてくれるのを待っているようにも見えてきます。つまり、
ゴミ箱が自分で行うのではなく、周りの人たちにゴミを拾ってもらう
ことを促すことで、ゴミを片付けるという行為を達成するようにつく
られているのです。しかしそれは、ロボットが人間に労働させるとい
うことではなく、ゴミ箱ロボットの持つ〈弱さ〉に人間が解釈する余

地があり、それによって共同性が引き出される場が生まれているといいます。

　そこには、人が「ゴミを拾わなければいけない」と常に期待されている状態ではなく、参加してもしなくてもいいという自由があるといいます。岡田はそのような状態を「緩やかな共同性」と呼んでいます。つまり、「ゴミを捨てる」という行為が、今ゴミ箱と対峙する一人のみに委ねられるのではなく、これからその場を通る他の人たちとの共同にも期待されているということができるでしょう。

　私たちは、多かれ少なかれ何らかの道具によって支えられ、日常生活におけるさまざまな行為を行っています。その意味で、完全に自立している人は存在しません。近年のAIの発展においても、その自律性をめぐりさまざまな議論がなされていますが、科学技術の発展とともに人間と技術の関係性も移り変わっていくものといえます。これからは、科学技術の発展のために人間が手に負えないほどの精度を追い求めるのではなく、人間の能力や環境との関係性において、人間の主体性やその行為の継続性に重きを置いた〈弱い〉技術のあり方が求められていると言えるのではないでしょうか。

弱いロボットたち。左から、アイ・ボーンズ、マコのて、ゴミ箱ロボット　提供：岡田美智男／ICD-LAB

21_21 DESIGN SIGHT企画展「ルール?展」展示風景　撮影：吉村昌也

「ルール？展」：日常のルールを
あぶり出すさまざまな試み

細馬宏通

■　場と含意

　まずおもしろいのは、この展示会場が、展示というシステム自体に
とても意識的なことだ。それは、本展のポスターにすでに顕れている。
全体が斜めに傾いだデザインはいかにも意表を突いたものだが、街中
で観ると、これは単に奇をてらったものではなく、こちらの平衡感覚
をぐらつかせる力を持っていることがわかる。街は、実は徹底して水
平線と垂直線で構成されており、わたしたちは建物の稜線やブロック
の目地、道路に設えられた標識など、さまざまな構造物がもたらす線
を手がかりに空間を把握している。幾多の街なかに貼られた美術展の
ポスターもまた、水平と垂直軸を保つことによって、こうした街の空
間を保っているのだが、本展のポスターはこの、意識しにくいルール
を逆照射しているのである。[図1]

　会場に降りていくアプローチ
に表示された早稲田大学吉村靖
孝 研 究 室《21_21 to "one to
one"》もまた、展示空間自体
のルールをあぶり出す試みだ。
会場の壁面に、このギャラリー
の建築がどんな社会的な制約の

図1

もとにつくられているかを解説するパネルが貼られている。パネルと
実際の壁面を見比べながら、安藤建築の象徴ともいえるコンクリート
の壁面やそこに空いた穴、アプローチの広さや形にも、単なる美的セ
ンスの発露だけではなく、法的なルール、あるいは材質の制約が顕れ
ており、それがデザインの規則性となって独特の質感をもたらしてい
ることを明らかにする仕組みだ。

　入ってすぐ、フロアの中央に木製の箱たちが置かれている。これら
の箱は、フロアのあちこちに自由に移動させてよく、使い終わったら
元に戻すというルールらしい。箱はいずれも直方体だが、高さは、大
人のすねくらいのものから腰くらいのものまであり、大きさもさまざ
まだ。たとえば、何人かで座って会場の展示を見るとしたら、幅の広
い箱がいいだろう。最前列に座るなら、後ろからも見えるように低め
の箱を選ぶことになるだろう。そんなこまごまとしたインストラク
ションはどこにも記されていないのだが、箱を座るための道具として
見たとたん、わたしは複数の人間が何かを鑑賞するときのルール、つ
まり「鑑賞対象が誰からもある程度公平に見ることのできるレイアウ

トを取るべし」というルールを想定して、箱を選ぼうとしているのだ。[図2]

図2

デザイン論では、ドナルド・ノーマンがジェームズ・J・ギブソンの「アフォーダンス」論を援用して主張した考え、つまり、人はデザインの持っている生態学的な特徴に意識せぬうちに促されて（アフォードされて）そのデザインを使うのだという考えが広く知られているけれど、従来のデザイン・アフォーダンス論は、もっぱら一人の個人が何をアフォードされるか、という問題を扱うことが多かった。それに対して、ルールを考えるということは、わたしとわたし以外の誰かがその場でどうふるまうべきかということを含意している。わたしは単に箱の座りやすさにアフォードされて箱に導かれるのではなく、箱の用いられる空間がそこに集う人にとってどのような場かということを考えながら、箱を選ぶ。

わたしは、背の高い細長い箱を一つ選んで、壁際に持っていき、しばらく腰掛けて会場を見渡すように眺めた。あとで気づいたが、一人で行動するときさえ、わたしは自分が誰かの障害物にならぬよう「壁際」を選び、一方で、誰かがわたしの前に立っても見渡せるように「背の高い」椅子を選んだのだった。コロナ禍のせいもあるのだろうけれど、日本の美術館や博物館の観客はお行儀がいいというか、消極的というか、箱に手をつける人はごく少数だ。その場にいる人どう

しで箱を並べ合いだしたらおもしろいことが起こるかもしれないのだが。

■ やりとりがもたらすもの

　21_21 DESIGN SIGHTは、ギャラリー1へのアプローチが少し狭くなっていて、入口が混んでいると自然と待合場所になるのだが、ここにちょっとおもしろい仕掛けがしてあった。床に1から14までの番号を記したシールが貼ってあるのである。番号があると、人は自然とその上に立つ。わたしの前にはお互い知人とおぼしき4人の女性が立っていた。わたしは5番目に立った。そのうち後ろに、大学生とおぼしきグループが何人か立ったのだが、わたしの横の6番を空けて（番号は2列で打たれていた）7番に立った。横の間隔も十分空いていたのだが、あえて隣に立たない、というのは、もしかするとコロナ禍特有のルールかもしれない。[図3]

　その後、ちょっとしたできごとがあった。上部に掲げられたモニターに「着ている服の色が濃い順に並び替えてお待ちください。（どの順番でお入りいただいても体験内容に違いはありません）」という文章が表示されたのである。前の4人は明らかにモニターを見上げていたのだが、特に動きはない。4人とも上は白色系の

図3

服を着ている。一方、わたしの後ろの学生風の客たちは、「えー」と声をあげて、お互いの服を見比べ始めた。わたしは明らかに薄い色の服を着ていたので、どうぞ、と譲ったのだが、同時にしまったという気もしていた。大学教員という職業柄、学生風の人には気軽に話しかけることができてしまったのだが、そのとき、さらりと、前の人にも「よかったら動きましょうか？」と促せばよかったのだ。結果的に、前の４人だけ、表示された「ルール」とは無縁で、その後ろは服の色の順に並ぶという、少し気まずい行列ができあがった。あとでパンフレットを見て、この場所が「行列のルール」というひとつの展示空間であったことを知った。

　ほどなく入り口が開いて、14人でダニエル・ヴェッツェルら《あなたでなければ、誰が？》に入った。観客は円形のステージにばらばらに位置し、前方のスクリーンの質問に答える。Yesなら右、Noなら左というふうに、ステージの立ち位置がそのまま質問への答えとなる。ステージを上から映した映像が解析されて、何人がどの答えだったかがその場で表示されるとともに、これまでの観客がどう答えたかも合わせて表示される。おもしろい試みだ。
　ところが、この展示の冒頭でもちょっとしたことが起こった。質問に先立って「本作では個人的な質問に回答していただきます。ステージを降りて観客として見ることもできます。」という注意書きが表示されたのだが、それを見た先の４人が顔を見合わせて、そそくさとステージから降りていったのだ。先に声をかけなかったことが間接的に

影響を与えてしまったのではないかと思い、わたしはさらに居心地が悪くなった。気づいてみると、わたしを含むステージ上の客は全員男性のようだった。女性は公的な場で自身の意見を言うことを抑圧されている、という図式が図らずも顕わになったようで、それももやもやした。

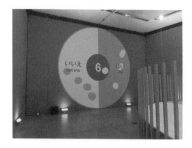

図4 ダニエル・ヴェッツェル（リミニ・プロトコル）田中みゆき 小林恵吾（NoRA）×植村遥 萩原俊矢×N sketch Inc.《あなたでなければ、誰が?》

　他の組はどうなのかしらと、質問に答え終わったあともしばらくフロアに残って様子を見続けたが、大多数の人は男女の区別なく円形ステージに残っていて、やはり自分の組である種の分断が起こったのは、自分の振る舞いに一因があったのではないかと、少々落ちこんだ。たかが行列、されど行列。デザインによって複数の人がどう振る舞うかは、その場のやりとりにかかっている。**［図4］**

■　見えないルールを意識化する

　他の体験的展示についても記しておこう。コンタクト・ゴンゾ《訓練されていない素人のための振付コンセプト003.1（コロナ改変ver.)》には、二人で流木を自分の前面に当てて挟み、手を使わずに流木を落とさぬよう移動するという試みが映像化されていたのだが、映像のみならず、モニタの傍らに流木が何本か置かれており、実際にやってみることができた。これは、なかなかおもしろい体験だった。

わたしたちは、二人で何かを持って移動するときに、つい、前後に分かれて、前を行くものがモノを引っ張り、後ろを行くものがそれについていくという役割分担を取ってしまう。しかし、この流木を挟む移動の場合、それではダメで、流木はからんころんと落ちてしまう。何度か試すうちにわかってきたのだが、どちらかに進みたいと思うときは、相手から離れるのではなく、相手の方に挟んだ流木を押しつけるようにするとよいのだ。押された相手は少しだけ後ずさりする。これなら、挟まれた流木から力が抜けることなく、移動できる。いわば「先導」ではなく「後導」である。

　ビデオ作品にも謎をかけるような仕掛けがあった。田中みゆき・菅俊一・野村律子《ルール？》では、横断歩道の渡り方、部屋での席の配置、緊急時の誘導の仕方など、さまざまな日常のシチュエーションで、見えない人が思いがけない手がかりを使って次の活動に移っていく様子を謎解きのように見せていく。ビデオはまさに見るメディアなのだが、その見るメディアを通じることによって、聞こえていないこと、触れていないことがあることを感じさせる試みだ。

　丹羽良徳《自分の所有物を街で購入する》（2011年）は、雑然とものが配置された奥にモニタが置かれていて、うっかり通り過ぎそうになる。実は、普段は施設の倉庫として使われている場所を使っているのだが、ただ空き場所だから使っているというよりは、わたしたちが、どのような環境を展示場所として扱うかという自明の問題を突きつけ

ているようでおもしろい試みだった。「自分の所有物を街で購入する」というのが、最初はいったいどういうことなのかわからないのが、数分観ているうちに、だんだん事の次第がわかってくる。そうやって映像を見ているうちに、目の前の雑然とした空間にこちらがなじんでくるから不思議だ。

　石川将也＋nomena＋中路景暁《四角が行く》は、3つの直方体たちが、次々と現れる穴のあいたボードに対して、穴に沿うようにお互いを配置し直してくぐり抜けていくという奇妙なインスタレーション。《ルールが見えない四角が行く》は、そのボードがないバージョン。観ているうちに、《四角が行く》の箱たちもまた、ボードの穴に合わせて動いているというよりは、それとは別の、見えないルールによって動かされているのではないかという気がしてくる。

　ちょうど窓の外で落ち葉が風に揺れていた。それもまた見えないルールで動かされているように見えてくる。[図5]

　見終わると、わたしたちの日常の行動をいつのまにか制約しているさまざまなルールが、少し浮き出してくる。道を選ぶルール、地下鉄の駅を見つける

図5　石川将也＋nomena＋中路景暁《四角が行く》

までのルール、コロナ禍の東京で、どれくらい間隔を空けて座るかというルール。じわじわと後から効いてくる展覧会だ。そうそう、あえて何かは明かさないけれど、見終わったと思って建物を出てから、あるものの存在にようやく気づいて、やられたと思ったことも記しておこう。いつ展覧会を見終えた気になるか。そこにも、ルールが潜在している。

＊撮影はすべて筆者による
初出：細馬宏通「「ルール？展」：日常のルールをあぶり出すさまざまな試み」
（「The Graphic Design Review」、2021年8月27日公開、https://gdr.jagda.or.jp/articles/40/）

細馬宏通（ほそま・ひろみち）
1960年兵庫県生まれ。早稲田大学教授。日常会話における身体動作の研究を行うかたわら、マンガ、アニメーションなど19世紀以降の視聴覚文化にも関心を寄せている。
主な著書に『フキダシ論――マンガの声と身体』『二つの「この世界の片隅に」――マンガ、アニメーションの声と動作』（ともに青土社）、『介護するからだ』（医学書院）、『うたのしくみ』（ぴあ）、『ミッキーはなぜ口笛を吹くか――アニメーションの表現史』（新潮選書）、『今日の「あまちゃん」から』（河出書房新社）、『絵はがきの時代』『浅草十二階』（ともに青土社）、『絵はがきのなかの彦根』（サンライズ出版）他。

創りながらルールを学ぶこと

会田大也

「ルール？展」に関するステートメントはウェブサイトに以下のように明記されている。

　私たち一人ひとりが身の回りにあるルールを意識し、その存在を疑い、自分のこととして柔軟に考えることが求められています。[*1]

　この展覧会の背景には、ルールの存在が空気のように当たり前すぎて見えにくく、意識しづらいという課題意識があるようだ。

　ルールというものが自分の実感として立ち現れるのは、中学高校時代の校則で、髪形や服装をチェックされた経験などではないだろうか。東京都立高校などでは令和3年から4年にかけて、社会常識と照らして違和感があるとされる髪形や下着の色などを指定する"ブラック校則"が一斉に廃止された。ただしこれはルールが緩くなっていくとか、

生徒の自主性に任されていくという話だけで終わらない。現代の人々にとってルールとは何か？　どのように学ぶべきか？　本稿ではルールの教育について考えてみたいと思う。

■　若者にとっての校則とは

校則意識（校則を守るのは当然）の趨勢

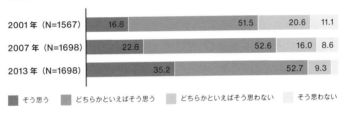

図1　友枝敏雄編『リスク社会を生きる若者たち――高校生の意識調査から』より【＊2】

　これは福岡県の７つの普通科／職業科の高校生への調査データである。見ての通り2001年から2013年にかけて、校則を守るのは当然と考える高校生の増加傾向がうかがえる。本書の中で考察されているのは、たとえば不確実性の高い社会に対する合理的なふるまいとして、進学や就職へ有利にするために規範へ同調している可能性や、生徒と教師の関係性がかつてのように抑圧的な関係ではなくなってきているといった変化が指摘されている。また同調査では「逸脱への憧れ」を聞く項目もあり、これも2001年から2013年にかけて、逸脱へ憧れを抱く割合が減ってきている。つまりルールを守らないことはかっこ悪いという価値観が支配的になってきている、ということだ。

　学級運営を穏便に執り行いたい教師にとっては歓迎すべき状況かもしれないし、世の中すべてのルールを疑っていたら大変だ、という現実があるのは理解できる。ただこうした「ルールに従順」という状況は、それは本当に生徒、ひいては社会にとって良いことなのだろうか、と問いかける視点が「ルール？展」には存在していた。

■　ルールをどういったものとして理解するか

　社会秩序を形成するにあたってルールは必須だが、決して変化がなかったものではない。むしろ大きく変化してきたとすら言えるだろう。歴史を振り返れば、人類はさまざまな社会制度を試してきている。かつて古代ギリシアではポリスと呼ばれる都市国家を形成し、その後絶対王制や独裁制のように特定の人物の能力に依拠し、そこに権力を集約した社会制度を採ったこともあった。そして現在多くの社会では、フランス革命以降に獲得した議会制民主主義を採用する。この制度においては「ルールは社会を構成する人々が自分たちの手で変更が可能」という前提がある。この前提は学校の授業でも習ったはずだが、現在の私たちをとり囲む具体的なルールについての意識はどうだろうか？　場の運用に責任を持つ「管理人」のような人へルール策定の権限を委譲し、その場を使いたい人たちは管理人の設定したルールに従う、というマインドが当たり前になっているのかもしれない。高校生であれば、校則というルールを前にして「守るか、破るか」という選択しかできなくなっているのではないだろうか？　いまやルールに対

し飼い馴らされた私たちの意識こそ、変容させても良い時期だ。

　ルールについての教育は、知識や概念を学習者へ伝達するだけでは足りないだろう。自由とルールの関係を考え、より多くの自由を獲得できる制度をつくってみたり、居心地の悪いルールがあれば理由を考えこれを改変し、運用してみる。そのことによって、ルールの中で秩序や活動がどのように変化するのかを観察し、運用と更新を繰り返す一連のプロセスの中で理解していくしかない。ルールについて学ぶためには、知識として知るだけでなく、構成主義的 [＊3] な「創る活動を通じた学び」が適している。

■　遊びの中で、創って学ぶ

　一般的にルールは自由を縛るという素朴なイメージもあるかもしれないが、実際には自由を生み出すためにも必要なものだ。私はこうした時にひとつのたとえ話を思い浮かべる。それは大きな原っぱの風景だ。人々は自由に駆け巡ったり思い思いに寝ころんだりしているが、空を飛ぶ鳥の視点から観ると、それはたかだか地上2メートルぐらいの平面で動き回る活動に過ぎない。そこでパイプの足場で巨大なジャングルジムのような構造物を想像してみる。すると平面を駆け巡れる自由度が減った代わりに、高さ方向に自由に位置することが可能になり、遠くを眺めたり、空間を多様に活用できたり、高さ方向を活かした新しい遊びを発明することができる。ある種の自由を失うことで別の大きな自由を得ることができた。ルールと自由との関係性をたとえ

るストーリーだ。

　このルールと自由の駆け引き、バランスについては何が正解であるか、というように一つの正解があるわけではない。時代や環境、文化によっても技術の発展によってもルール運用は変化する[＊4]。そうしたなか、最も原初的な形でルールと運用を学ぶのは、子どもの頃の遊びの中なのだろうと思う。遊びはルールを考える機会で溢れている。ルールの中で遊ぶことはもとより、遊びのルールを考えること自体が一種の遊びになることもある。さらに興味深いことに、ルールを変えることで、遊びの場自体をしらけさせてしまうというリスクとも駆け引きをしているのだ。遊びが継続するには、当然その場を共有するメンバーたちの同意が必要だ。そして遊び場を成立させている要素はルールだけとも限らない。地面や立木、川や遊具などの遊び場の環境全体のポテンシャルも含め、他にはないその場だけの遊びが生まれていく。こうした関係性の中で、ルールというものもまた遊びの場全体に影響する環境の一部となる。ロープを樹の枝に縛り、そこから遊びを発明することと、これを大勢で遊ぶ際、ロープを誰かが独占しないようなルールを考案することは、同時に考える必要がある。刺激的な遊具を思いついたとしても特定の人だけしか遊べないのであれば、遊びの場はしらけて、違う遊びへと移行してしまうためだ。

　遊びについて広範に考察したゲーム研究者のミゲル・シカールは、遊びにおけるルールの重要性を指摘したうえで「遊び場のなかで起きているさまざまな変化可能な事柄と、遊びそのものが持つ駆け引き」について以下のようにまとめている。

空間と遊びの関係は、流用とそれに対する抵抗が緊張状態にあるという点
　　で際立っている。
　　　　　　　　ミゲル・シカール『プレイ・マターズ　遊び心の哲学』[＊5]

　遊びは常に、ルールを含めた遊びを構成する要素同士の関係性を調
停し、改変と現状維持の間で揺れ動くことを示している一節だ。ここ
に登場する「流用」という単語は、原著ではappropriation/
appropriateという、名詞形や形容詞形、動詞形などの形で登場する。
「流用」以外にも、「捉える」「なぞらえる」または「乗っ取る」など、
遊びを語るための用語として本書にたびたび登場する重要なキーワー
ドだ。あるルール、またはある遊具が別のものとして流用または改変
されてしまうことは、創造的かつ魅力的であると同時に、従来のやり
方で遊びたいメンバーたちから抵抗される場合もある。私自身の子ど
も時代の記憶でも、鬼ごっこの変則ルールづくりが面白くなってしま
い、熱中するあまり周囲の顰蹙を買い、結局みんなは別の遊びに移っ
てしまっていった、という経験があった。遊び場で遊ぶ人たちは、単
にその場所に遊ばされている存在ではなく、遊び場のテンションと遊
び方＝コンテンツを生み出すジェネレーターそのものでもあり、同時
にその遊び方に審判を下す裁定者でもあるのだ。
　私が2012年からプロデュースしている「コロガル公園」というプ
ロジェクトにおいても、来場した子どもたちが、会場の管理運営の役
割を自主的に買って出る形で「こどもスタッフ」の制度が発生するこ
とがあった。私はそれを微笑ましく見ていたのだが、実際の運営にお

いては、子どもスタッフ同士は、場に対する貢献度の違いをめぐって資格の剥奪なども検討されるなど、しのぎを削る熾烈な折衝が日々繰り広げられていた。場を共有して遊ぶという活動は、遊び場という資源をめぐっての闘いでもあり、場がしらけてしまわないテンションをキープし続ける努力によって均衡が保たれているシリアスな共生の場でもある。こうした絶妙なバランスの上に「遊び場」というものは成り立っている。

　話を「ルール？展」に戻そう。展覧会という場を来場者も含めて俯瞰してみると、そこは企画する組織や展示する作家だけが独占する表現の場ではなく、来場する人たちの解釈や批評を生み出す、共創の場と捉えることが可能だろう。よくある形式の美術展であっても、実際には鑑賞者の脳内ではさまざまな解釈がダイナミックに生成されている。「ルール？展」においては、会場でルールを生み出してみたり、展示の一部になってみることが可能で、来場者自身のふるまいを表現と見なすこともできた。会場の指示どおりにふるまうだけでなく、その指示そのものに疑問を差し挟んだり、あえて期待を裏切ることで、メタ的な視点からルールについて思いを馳せた来場者もいたはずだ。展覧会全体が、こうした流用と抵抗の中で揺れ動いていたとも言える。結果として来場者には、体験を通じてルールの構築に携わる本展の構成が、独特かつスリリングで面白いということが充分伝わり、感動を呼んだのだろうと私は捉えている。本展はSNSで話題になり多くの来場者が詰めかけたというが、単に美しいもの、面白いものを見たという以上の感動がなければ、その場で起きている出来事をわざわざ

SNSを通じて人に伝えたいとは思わないはずだからだ。

　現実的にはルールをつくったり運用していくプロセスには少なからず失敗がつきまとう。ルール変更に伴う未来の状況を完全に予測できるほどは、人間の脳は賢くない。ルールについて学ぶというのは、変更や検討など、やってみないとわからない＝創りながら学ぶというのが適切なルートである。実際の法律や条例などにおいても、見直しや手直しは決して珍しいことではないが、展覧会という場はステートメントにある通り「私たち一人ひとりが身の回りにあるルールを意識し、その存在を疑い、自分のこととして柔軟に考える」には最適な場だ。ともすれば、場の前提が崩れるかもしれないという、流用とそれに対する抵抗が緊張関係にあるような場を、展覧会として生成した「ルール？展」は、ルールについて体験を伴い深く学べる希有な機会であった。

注
* 1　https://www.2121designsight.jp/program/rule/
* 2　友枝敏雄編『リスク社会を生きる若者たち──高校生の意識調査から』（大阪大学出版会、2015年）の序章にあたる友枝敏雄「21世紀の日本社会と第3回高校生調査」（20頁）より引用。
* 3　教育における構成主義 constructivism は、ものごとを理解するときに関連する要素を学習者自らが操作して、その機能や機能同士の関係性を確かめながら学習する、という考え方を示している。大講義室で一斉に知識を伝達するような学習と比べ、単位時間あたりの効率は良くないが、単なる暗記で憶える以上に応用力や自立的な活用方法、または創造性を身に付けられる、とされる。
* 4　たとえば、インターネットの登場によって得られた新たな自由（専門家でなくても広く考えを伝える手段が構築された、など）がある一方で、目に見えにくい形、自分では気がつきにくい形で規制や監視が行き渡り、人々は知らない間に萎縮してい

く、といった新たな不自由も見逃せない。こうしたテクノロジーの変化によって起きる倫理の更新を試す場所として、展覧会という形式が機能すると見なすことも可能かもしれない。

* 5　ミゲル・シカール『プレイ・マターズ──遊び心の哲学』松永伸司訳、フィルムアート社、2019 年、89 頁。

会田大也（あいだ・だいや）

1976 年生まれ。ミュージアム・エデュケーター。東京造形大学、情報科学芸術大学院大学 [IAMAS] 修了。2003 年の開館時より 11 年間、山口情報芸術センター［YCAM］にて教育プログラムの開発運営を行う。ミュージアムにおけるメディアリテラシーや美術教育、企業との協働による教育プログラムの企画立案、地域での各種プロジェクト、また企業における人材開発といった分野で、ワークショップやファシリテーションの手法を用いて「学校の外の教育」を実践してきた。一連のオリジナルメディアワークショップにてキッズデザイン大賞、担当した企画展示「コロガル公園シリーズ」で、文化庁メディア芸術祭、グッドデザイン賞などを受賞。2014–2019 年東京大学大学院 GCL 特任助教。あいちトリエンナーレ 2019 ／国際芸術祭「あいち 2022」キュレーター（ラーニング）。2019 年より山口情報芸術センター［YCAM］学芸普及課長。

そんな簡単なわけがない

木ノ戸昌幸

　ルール。ルール。ルール。何度繰り返してみても嫌な響きだ。

　あの口うるさい、いつも不機嫌な顔をした教師を思い出すから？ 子どもが時を忘れて遊び回る公園にさえ、禁止事項だらけの看板を目にするから？　それとも、これまで心の底から必要と思えるルールと出会った経験があまりにも少ないから？

　どうあれその響きにぬぐい難く染みついているのは、管理の匂いだと思う。

　権力を持つ者が何かを都合よく管理するためのルール。効率と生産性を最大の美徳とする資本主義社会においては24時間365日、そんなルールばかりが休みなく濫用されている。それらは「自分の頭で考えるな」「皆と同じになれ」というメッセージを常に発し、美しく晴れ渡った青空の下や容易には抜け出しがたい闇の中を、ともかく自分の

力で歩き切ろうとする人の姿を、うなだれて歩く一塊の集団に変えてしまい、ひどい場合には歩く力さえ根こそぎ奪ってしまう。

　僕にとって（いや、多くの場合客観的な事実だと思うのだが）、十代を過ごした「学校」という場所は見事なまでにそうした社会の縮図だった。皆が同じように座り、同じように学び、ほとんど同じ目的地へ群れをなして歩く。それがルールだからはみ出してはいけない。無限の可能性という嘘に踊らされて。巧妙に仕組まれた自発性という建前に騙されて。また「ルールに忠実に従った成功者」を絶妙なタイミングで見せられたりするものだから、ますますその環から抜け出すことが難しくなってしまい同調圧力が強化される。

　なんとか努力はしてみたものの、そんな環境に適応できず疲れ切ってしまった僕は、15歳の頃ついに一歩も歩けなくなってしまった。膝を抱えて部屋の片隅で震え、ほどなく死を選ぼうとし、運良く生き延び、今も生きている。ルール。ルール。ルール。嫌な響きがして当然だ。

　僕が主宰するスウィングは、障害のある人ない人およそ30名が働くNPO法人である [＊]。絵画や詩やコラージュの芸術創作活動「オレたちひょうげん族」、全身ブルーの戦隊ヒーローに扮して行う清掃活動「ゴミコロリ」、ヘンタイ的な記憶力を駆使した「京都人力交通案内『アナタの行き先、教えます。』」【→192頁】など、ルール化され固定化された仕事観や芸術観を更新すべく、世間的にはまともな仕事と

は言えないような実践を繰り広げている。

　かつては内部的にも「これが仕事？」といった異論の声もあったが、今ではそんな声を上げていた人が率先して戦隊ヒーローになり、1円にもならないゴミ拾いを牽引したりしているのだから、16年という月日が持つ力はなかなかのものだ。

　かつての風景を思い出す。

　社会的なルールを共通認識とするための最大の道具は言葉だが、スウィングにはそもそもその道具を持ち得ない人も少なからずいる。そしてもちろん彼らには彼ら固有の大切なルールや生き方があり、社会から要請される管理的なルールと折り合いをつけながら日々を生きている。つまり一応道具を使えているつもりでいる僕たちと同じだ。

　しかしながらかつてのスウィングでは、そんな〈言葉がわからない〉というハンディを持った人たちに対してでさえ、がっかりするような言葉が当たり前のように飛び交っていた。

　「ダメ！　ちゃんとルールを守らないと！」

　けれどそうした状況をじっと見つめていると、腕組み眉を寄せ、正義の言葉を発する人たちもまた、他の誰かから同じような言葉を向けられてきたことに気づく。そして上手くできない自分に失望し自信を失い続けているからこそ、自分も「言える人」にきつく言う。「言える人」というのは多くの場合、より社会的に弱い立場にいる人たちだ。

　こんな悲しい負の連鎖になんの意味があるのか。ない。一切ない。

　僕たちは16年間試行錯誤を繰り返し、同じではない、それどころか全く異なるそれぞれが、「私は私」「あなたはあなた」のままに生きられる場を目指してきた（もちろん今も目指し続けている）。そのために摩擦が生じれば「何がいけないのか？」を話し合い、それがほとんどの場合、少し考えればさして意味のない、刷り込まれたルールや価値観から生じる思い込みであることを確認した。じゃあそんな、互いを監視し合うような、誰も幸せにならないルールはとっととやめて自由になろう。すると他ならぬ自分自身に課してきた禁止事項が解除され、やってもいいことが増え、自他への寛容さが増してゆく。

　同時にそれはルール＝管理という基本認識を一歩一歩更新する作業でもあったと思う。スウィングという小さな社会を営む以上、やはり何らかのルールは必要だ。でもひょっとしてルールというのは人を同一に管理するためではなく、むしろ個人個人の自由を拡大するためにあるんじゃないのか？

　毎朝生まじめに、有用らしい「どうでもよくないこと」を言うために実施してきた朝礼は「本当にどうでもいいこと」を言い合う時間に変更した。いかにも職場らしい朝礼という場が、「どうでもよくないこと」を言えない人たちの声を殺し続けてきたことに気がついたからだ。「どうでもよくないこと」はなくとも、「本当にどうでもいいこと」ならば誰しもが持っている。昨日の晩ご飯とか、今朝の朝ご飯とか、土日はどうしたとか。次第に自分だけの言葉を自由に発する人が増え、むしろ「どうでもよくないこと」ばかり言いがちな人は発言を控える

ようになった。

　ご飯を食べれば眠くなる。そうでなくても人はときどき眠くなる。束の間の眠りは心身をリフレッシュさせてくれる。元来僕たちはそういう風にできている。だから元々昼寝は自由。が、自由に昼寝ができる人はごく少数で、むしろ「仕事中に寝てはならない」というルールが染みついてしまった多くの人はコクリコクリと船を漕ぐばかりで机に突っ伏すことができない。そこで昼食も食べ終えた昼休み後の20分間を昼寝の時間にすることにした。本当は寝たいのに寝られない人がスッキリすることが目的だから、寝るも寝ないも自由である。その自由の中で寝息を立てる人が増え、その傍らではそもそも自分のタイミングで昼寝をかませる人や別に寝たくない人がマイペースに仕事を続けている。

　「生理休暇が取りにくい」という女性スタッフからの声にどう答えるべきか。堂々と休んでほしいと思う一方、なぜか言いにくいことにされているのもよくわかる。そもそも対象が女性に限られていることがいけないと考え、まずは男女を問わず「生理的に出勤が無理な日に取れる休暇」に変更してみた。しかしそれも言いにくいことがすぐに判明する。じゃあ「生理休暇」という直球すぎる名称を変えてみよう。リフレッシュ休暇？　リボーン休暇？　ダメだ。むしろ言いにくさが増している。もっと遠ざからなければ。月に1回という意味で「1回休み」はどうか。もはや原型すらないが気軽に取りやすそうだし、ス

タッフ共有のカレンダーに予定化すると双六のように見えておかしい。
〈就業規則第25条（1回休み）：月に1日または8時間、とにかく休
むことを義務とする〉。取得率はほぼ100％だと思う。

　なぜ人は組織は体制は、画一的に人を管理しようとするのだろうか。
　答えは簡単。そう、「簡単だから」だ。これに尽きると思う。実は大
義どころか大した意味も目的すらないが、もう決まったことだから面
倒な修正もメンテナンスも必要ない。考えたり迷ったり話し合ったり
試行錯誤しなくてもいい。自分の頭で考えるな。皆と同じになれ。ダ
メ！　ちゃんとルールを守らないと！

　対して自由はその扱いがとても難しい。自由という文化が根づいた
スウィングも、実は今もって問題だらけだ。たとえばいかにも自由を
謳歌して楽しそうな人の横で、その圧力に押されて声を殺している人
がいたりする。そして「いかにも自由を謳歌して楽しそうな人」でさ
え、際限のない自由をコントロールし切れずに苦しむこともある。両
手でしっかりと摑まれる幹のようなものがないと、人は自由という嵐
に簡単に吹き飛ばされる。そして互いの自由が衝突し合う混沌が生ま
れる。そんな混沌の中でも「いかにも自由を謳歌して楽しそうな人」
が目立つから、傍目からは「スウィングは自由で楽しい場所」などと
大雑把に括られたりする。でもそんな簡単なものではない。
　混沌の対義語は秩序。そこがどのような性質を持つ場所であれ秩序
が必要なのだろう。両手でしっかりと摑まれる幹のようなもの、それ

が秩序なのだろうか。ルールは自由のためにあるなんて綺麗ごとで、秩序を保つためにはやはり管理が必要なのだろうか。個人個人が異なる自由を生きることは本当に可能なのだろうか。もし優先順位が必要ならば、まずは誰の自由を尊重すべきなのだろうか。

　行ったり来たりを繰り返し僕たちはいつも困っている。いつまでも正解がわからない。何も上手くいかない。が、それでいいのだ。人ひとりの人生も、人と人とが生み出す社会も「上手くいかないこと」こそが大前提であり、だからこそ自由を求め続け、ルールを更新し続けるしかないのだと思う。頭だけではなく手足を十分に動かして。注意深く近づいたり遠ざかったりしながら。それはとても面倒なことだけれど、僕たちを息苦しく締めつけるこの社会の空気を、ルールが持つ嫌な響きを変えてゆくにはやるしかない。

＊　現在、スウィングの運営法人は「株式会社 NPO」に変更されている。

木ノ戸昌幸（きのと・まさゆき）
1977 年生まれ、愛媛県出身。立命館大学文学部卒業。株式会社 NPO 代表取締役、元 NPO 法人スウィング理事長、フリーペーパー『Swinging』編集長、スウィング公共図書館 CEO。引きこもり支援 NPO、演劇、遺跡発掘、福祉施設勤務等の活動・職を経て、2006 年、京都・上賀茂に福祉施設「スウィング」を設立。仕事を〈人や社会に働きかけること〉と定義し、清掃活動「ゴミコロリ」、芸術創作活動「オレたちひょうげん族」、京都人力交通案内「アナタの行き先、教えます。」等の活動をプロデュース。ギリギリアウトを狙った創造的実践や発信を通して窮屈な社会の規定値を拡張したいと願う。著書に『まともがゆれる──常識をやめる「スウィング」の実験』（朝日出版社、2019 年）。

「ルール？展」のルール：
自由と制約についての覚え書き

田中みゆき

「ルール？展」の企画は、新型コロナウイルス発生より前の2019年に始まっていた。当初私たちは、「ルールは硬いテーマという印象を持たれるだろうから、あまり人は来ないかもしれない」と危惧していたほどだった。しかし、「ルール？展」の来場者数が、事前予約制など来場者数を限定するシステムを経ても大きな記録を収めたのは、そのような生活のなかでルールを身近なものとして感じる機会が増え、ルールというテーマに関心を持つ人が少なからずいたということもあるだろう。

コロナウイルス感染拡大を受けて会期が二度変更となり、その間にマスクの着用やソーシャルディスタンス、文化施設や飲食店の営業自粛要請や移動規制など、私たちの日常生活は、根拠や意味が曖昧なルールに振り回されることとなった。そしてそれらのルールは、効果

が不明なまま次々と生まれては、消えていった。[→**資料1 コロナ関連記事抜き出し（302頁）**]

■　基本的な考え方

　ルールへの意識の高まりとその切実さを感じながらも、私たちはあえて直接的にコロナについては扱わないこととした。目の前の問題に直接的に行動を促す展覧会ではなく、即効性はないかもしれないが、来場者一人ひとりがルールのあり方を広い視野で見つめ、そこに対して自分がどう働きかけることができるのか、自ら主体的に考える態度を養う展覧会を目指した。

　来場者の自主性を尊重する「自治区」のような場を実現するため、当初から企画あるいは運営側が体験の可能性を狭めるような動線を誘導したり、鑑賞の仕方を固定化したりしてしまわないことを心がけてきた。そのために可能な限り禁止事項をなくし、ルールが鑑賞の可能性を規定・制約するのではなく、自分たちでルールをつくっていくことで鑑賞という体験が自治的につくられる場を目指したいという気持ちがあったからだ。そういった企画者の思いを伝える方法として、会期始めから用意していたものが二つあった。会場内で起こったルールの変更を記録し掲示する「ルール変更履歴」と来場者が好きなように使える「動かせる箱」だ。

■　ルール変更履歴

　普段生きていると、ルールは通常、決まったことを言い渡されるこ

とがほとんどだ。どのような意見が検討され、どのような人たちがどのような判断基準や根拠に基づいてルールが出来上がったかについては、わからないことが多い。そのように過程がブラックボックス化することが、ルールを使う人の主体性が制限されたもののように感じさせる一因でもある。そこで「ルール？展」では、たとえ一つパーテーションや注意書きが増えるだけだったとしても、会場内で起こったそれらの変更を理由とともに記載し、毎週休館日に運営チームからの要望と擦り合わせ、その週の変更を公開していく掲示板を会場内に設置した。会期初期の掲示内容は、どちらかというと「触らないでください」のマークなど、事故防止の観点などから行動を制限する方向のもので占められたが、私たちはそれらのルールも来場者のふるまいによって減っていくような状況を期待していた。

　しかし、それでもやはりそのルールの変更は主催者によって決定されるという事実には変わりなかった。そのため、会期半ばの2021年9月8日から、会場内に「意見募集」の掲示を加え、来場者がどのようなルールを望んでいるかについて意見を募った。(本来は、21_21の外でルールについて来場者と直接議論する青空会議をしようという案もあったが、コロナのため断念した)【図1】

■　動かせる箱

　企画の初期段階から、「展覧会自体が変化するものにする」というアイデアはあり、展示自体を定期的に動かすといった案もあった。企画の過程でその案は予算や運営面から現実的ではなくなったものの、展

257

示の可変性や来場者のインタラクションを可視化する、といった考え方は残っていった。それが形となったのが、「動かせる箱」だった。会場構成を担当したdot architectsは、さまざまなプランを出すなかで、石や木などの自然物を持ち込む会場構成を提案して

図1 会場内に設置された「ルール変更履歴」の掲示板

いた。しかしギャラリーに自然物を持ち込むのが施設として難しいということとなり、直方体をベースとした抽象的な形態を地形や街の風景に見立てる案に決まった。その流れで、可変性を実現するものとして「動かせる箱」が生まれていった。ただ、会場構成全体がさまざまな大きさの箱のようなものでできていることから、それらと区別するため、菅のアイデアで両側に取っ手がついたものは動かせる箱としてどの作品にも属さずに会場に置いておく、という仕組みが出来上がった。会場に箱の溜まり場をいくつかつくり、たとえば作品の前に置いて椅子の代わりに使ったり、寝転んだり、以下の4つのルールさえ守

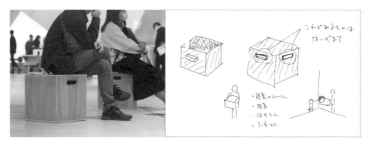

図2 「動かせる箱」とアイデアスケッチ

れば自由に持ち出して使ってもらえる「余白」として運用した。[**図2**]

箱の使い方のルール

　この展覧会では、来場者の皆さんが自由に使える箱を用意しています。側面に穴が開いている箱は、以下のルールに沿って会場内で自由に移動することができます。

　◯危ない場所や他の人の邪魔になる場所には置かないでください。

　◯作品が載っていたり、解説の紙が貼られた箱は動かさないでください。

　◯次に使う人がいない場合や、放置されている箱を見かけたら、

　　この場所に戻してください。

　◯建物の外には持ち出さないでください。[**図3**]

　会期始めは、使われないのではと危惧していたこの箱は、初日から活用され、来場者が思い思いに使う様子が、展覧会の風景となった。会期中には、突然降った大雨を窓辺に箱を並べて見る、といった光景も見かけられた。一方で、その箱をあえて倒したり、元の場所に戻さず、誰かが直しに来るかを観察する人も現れた。こんな場所に置いてみた、ということをSNSで披露する人たちも。その傍ら、箱を動かすふるまいに注目が集まる

図3　「箱の使い方のルール」の掲示

ので手を出せなかったという人、具体的な使い方がわからないから使わなかった、という人もいた。箱の周りには、日常にも見られるルールをめぐるさまざまな態度や現象が立ち現れていた。[図4]

図4　大雨の日に「動かせる箱」を窓際に移動し、雨の様子を見る来場者たち　撮影：きびゆりえ

■　撮影のルール

　会期が始まって1ヵ月も経たないうちに、ある出来事が「ルール？展」の景色を大きく変えた。TikTokでインフルエンサーが立て続けに動画を投稿し、その後Instagramでも広がり、それらを見た若者たちが詰めかけたのだ。それと同時に箱の溜まり場は撮影スポットと化し、インフルエンサーと同じポーズで写真を撮る人などで行列ができることとなった。それとともに、展示物を持ち上げたり乱暴に扱うことによる破損の報告や、撮影に夢中で通路を塞いだり大きな声を出すことによる来場者からの苦情がたびたび聞かれることとなった。実際に、私もその頃会場を訪れたが、館内があまりにもうるさくて映像の音などがまったく聞こえないため、施設のスタッフに映像の音量調整を依頼することがたびたびあった。そこで「意見募集」と同時に、以下の撮影に関するルールが掲示された。[図5]

撮影のルール

　撮影時はご遠慮いただけますようお願いします。

○マスクを外しての撮影

○大声での会話や連続撮影のシャッター音など、大きな音を立てての撮影

○長時間同じ場所に留まっての撮影

○通行の妨げとなる撮影

○館内備品や展示台を使用しての撮影、スタッフへの撮影依頼

図5　意見募集と撮影に関するルールなどの掲示

「ルール？展」でのルール変更履歴の変遷
（主なものを抜粋。展示していたものとは異なります）

「行列のルール」

1. **7月2日（金）**
   「ここは列の最後尾です。この後には並ばないでください」の看板を定員の
   14番のシールの後に配置

---

2. **7月6日（火）**

（監視スタッフのルール）定員の14名以上並んでいる場合、及び『あなたでなければ、誰が？』に14名以上入場しようとしている場合はスタッフがお声がけして止めるようにした（スタッフは他のエリアと兼任で監視）

3. **7月17日（土）18日（日）限定**

14名以上の行列ができてしまうことへの意見募集のため、ディレクターチームの菅俊一から来場者にお手紙を配布

4. **7月20日（火）**

定員以上の入場が多いため、「定員は14名です それ以上のご入場はご遠慮ください」の文言をギャラリー1内のスクリーンに追加

5. **7月下旬**

（監視スタッフのルール）列による混乱を解消すべく、このエリアに担当の監視スタッフを増員し配置、パーテーションやポップを追加

6. **8月26日（木）**

地下ロビー周辺や、列に並んでいるお客様に会話を控えていただくため、また1人ずつお声がけするよりも効率よく注意を促すため、「お静かに」と書かれたパネルを監視スタッフが持って定期的に巡回することに変更

「箱のルール」

1. **7月6日（火）**

（監視スタッフのルール）箱を高く積み上げて、その上で遊ぶ場合には、「危ないので気をつけてください」と声かけをする。

2. **9月16日（木）**

館内のルールが守られていないことがあり、改善を望む意見が寄せられたので、ルールが書かれた看板のサイズを大きくし、読みやすいように更新

「撮影のルール」

9月16日（木）

撮影のマナーに関して、「撮影する際のシャッター音や大声で会話しているのが気になる」、「撮影をするために一つの展示場所に長く滞在し、鑑賞や通行の妨げになる」などの意見が多く寄せられたため、それらの意見を取り入れたルールを更新し、新たに地下ロビーとギャラリー2にポスターを追加した。

> 「訓練されていない素人のための振付コンセプト 003.1（コロナ改変 ver.）」
> 1. **7 月 31 日（土）**
>   来場者の作品体験中にモニター上に枝を落とすアクシデントが起きディスプレイが破損し、モニターを購入。再発防止のため位置を円の真ん中に移動
> 2. **8 月 22 日（日）**
>   同じアクシデントが発生してディスプレイが再び破損し、モニターを購入。アクリルカバーを設置
> 3. **9 月 17 日（金）**
>   更なる事故の防止のため、作品体験時のルールを追加

■ サイレント？デイ

「意見募集」を開始してから1ヵ月ほどが経った10月16日、「『ルール？展』のルール更新会議『開かれた展覧会とは何か？』」を開催した（モデレーターとしてミュージアム・エデュケーターの会田大也氏を迎えた）。その結果、「サイレント？デイ」というシステムを導入することになるのだが、まずは以下に会議での論点をまとめたい。

1　ルールとマナー

「ルール？展」がテーマパーク化したことによって、美術館や展覧会のマナーを共有しない人たちがマジョリティになっていた。そういった意味では、今まで展覧会に来る機会が少なかった人たちにも展覧会を届けることができたとは言える。しかし、マナーを共有しない人たちが共存する場合、それまで暗黙の了解としてあった

「展示物には触らない」といった規範を、あえてルールにして明文化する必要が出てくる。それで結果的にルールを減らす方向ではなく、増やす方向に状況が変わっていったのではないか。

2　撮影の是非

　撮影をしている人たちは、果たして単に「撮影目的の人」と切り離すことができるのだろうか。記録のために撮影している人と、「映え」のために撮影している人たちを見分けることにはそれほど意味はなく、撮影に来た人たちも展覧会の主旨を持ち帰ってくれているのかの方が重要ではないか。また、撮影そのものよりも、それに伴う展示の占領や複数人で声を出して騒ぐなど周辺の行為の方が問題となっているのではないか。

3　意見募集

　撮影に関する意見の他に目立ったのは「順路をもっと明確にしてほしい」といった、ルールをもっと設けてほしいという意見だった。展覧会という場の設定は、来場者の創造性を信じていて、来場者に解釈を委ねている場合が多い。一方で、テーマパークのような場は、来場者が思考を巡らせなくても多くの人に同じ体験を提供するように設らえている反面、行動を細かく管理されていることが多い。意見募集のルールへの要望は、どのような場を期待しているかを表しているのではないか。

4　目的が異なる人たちの共存

　一般的な美術展で想定されているように、静かな環境で見ることがこの展覧会を一番楽しめていることになるのか。静かに鑑賞したい人、撮影を楽しみたい人が同じ場所を共存する場合、どちらが良い悪いではなく、自分とは違う目的を持った来場者がいることを想像できることが重要ではないか。その時に必要なのは、施設－来場者という縦の関係ではなく、来場者間の横の関係を可視化することなのではないか。

5　ふるまいをコントロールする方法

　今回は展覧会の趣旨に沿って、会場内をオープンでパブリックな場とすべく、照明をできる限りフラットに明るく調整した。たとえば美術展によくある照明を絞って、陰影を強くつけるような照明にすれば、もっと作品は作品然となり、作品破損を防いだり、写真が撮りづらくなったりしたのではないか。一方、そのように人にわかりにくい方法で行動を誘導するナッジのような方法は、この展覧会の趣旨にはそぐわない。それよりも来場者自身が、自分のふるまいが他の来場者にどう影響があるのかを想像できる仕組みがある方がフェアなのではないか。

6　自由とコストの問題

　絶対的なルールを決めてくれる人がいれば、それを守る人たちは

「考える」という脳のコストを払わずに、そこに書かれていること
さえ守れば、あとは自由にふるまうことができる。ルールを設定し
ないという野生の状態は一見自由に見えても、ある意味すべてを民
事で解決しようとしていることで、必然的にコストがかかることを
要求しているのではないか。展覧会という、来場者がお金を払って
サービスを買うという状況のなかで、他の来場者と一緒につくって
いくようなコストのかかる場はどのようにつくれるのか。

7　リソースの壁

　リソースがないときはできる限り多くの人に対応できる解を選ば
ざるを得ない。マナーを変えるには時間もかかるが、会期が終わる
までに一石を投じたい。予算的にも人的リソースも限られ、来場者
収入が予算に反映されるわけではないなかで、手紙や看板などアナ
ログな方法を取らざるを得ず、抜本的な解決策は実施できずにいた。
一方、リソースもルールの重要な要素なので、効率良くみんなに
とって公平なルールを考える必要がある。

　このような議論の結果、会期終盤の11月19日より、「サイレント？
デイ」が実施された。あえて「撮影禁止」とはせず、「会場内での撮影
や会話を控え、静かに落ち着いた作品をご鑑賞いただく日」とした。
そういった意味では、ルールというよりもマナーに訴えるような表現
だったと言える。平日と週末1日ずつとしたため、会期終了まで合計
4日間となってしまったが、事前予約の際に主旨を読んで選択できる

ように記載をした。[図6]

図6　「サイレント?デイ」実施の日

　実際に、「ルールを守らず大声で話す人がいる」「撮影している人がいる」という意見募集への投稿は以前と変わらず多くあったものの、全体的に以前よりも落ち着いて鑑賞してもらえる環境になったという運営からの報告があった。

　その頃、京都から現場を訪れたのが、出展作家でもあるスウィングの皆さんだ[→192頁]。詳しくは代表の木ノ戸昌幸さんのブログ（http://garden.swing-npo.com/?eid=1400937）をお読み頂ければと思うが、木ノ戸さんは現場に流れる「管理」の空気を敏感に感じ取った。そこには、展覧会の主旨とは異なり、来場者の自由や自主性を促す場ではなく、会場内の風紀を乱す行動を監視するような場があったようだ。おそらくそれは、通常開催される展覧会との違いや、スタッフのふるまいの重要さを全員に浸透させられていなかったことがあるだろう。また、予想外のバズりに対して現場が抱える疲労もあったかもしれない。予算が限られているなかで、人的に対応せざるをえないことは想像以上に多くあっただろうと思われる。

　「ルール」というメタ的なテーマに取り組むにあたって、本来であれば、企画だけでなく運営も含めた展覧会の予算組みのルールから見直す、ということができていたら、通常よりも運営に予算を割くなど、もっと抜本的に改善できた部分はあったと思う（その代わり展示数を

減らすなどの展示への皺寄せは避けられなかっただろう)。しかし、そのように展覧会のつくり方を根底から覆すのではなく、私たちは従来のつくり方の中で、自分たちの手の及ぶ範囲内でできることを企画した。ひとつの展覧会で扱うには大きすぎる「ルール」というテーマは、その自己言及的な性質から、展覧会の構造そのものの制約を露呈させることとなった。

　ただ、「ルール?展」について少なくとも言えるのは、「つくって終わり」の展覧会ではなかった、ということだ。私たちは会期中も議論を重ね、一つひとつの意見と向き合い、微調整を重ねていった。反省すべき点も多くあるが、誰かの自由が別の誰かの制約を生む現実と直面しながら試行したルールメイキングの過程の一端を、ここに記しておきたいと思う。

　展覧会としては、ルールのあり方に疑問を投げかける示唆的な作品を通して、多くの来場者がさまざまな学びを持ち帰ったことが、会期中およびその後の反響からも受け取れた。ここに書いた、さらにそのうえで展覧会にメタ的な体験を持ち込もうとした試みとその反省は、各作品の意義を否定しているわけではもちろんない。もともと展覧会にできることの範囲内で企画をすべきだったのかもしれないし、余白は来場者が見つけるもので、企画者側が用意するものではないのかもしれない。それでも私は、展覧会が日常の中でオルタナティブな現実を立ち上げること、それを体験することによって来場者の日常にも作用することを期待しているし、そのような場がこれからも社会の中で確保されていくことを願っている。

「ルール？展」のあとに

座談会　菅俊一×田中みゆき×水野祐

■　**ルールは網羅できない**

田中：今回の書籍のための原稿を書いていて改めて思ったことで、ルールを語るときに、語るべきことを自分は網羅できているのかどうかが未だわからないというのがあります。すごく単純に考えれば、なぜルールが必要なのかやルールが扱う範囲、時間の問題とか、いろいろ思いつきはするけれど、果たしてそれが全貌なのか確証がない感じですね。

水野：そのもやもやはずっとありますよね。大きく分けて、何か目的や課題があってその目的を実現したり、課題を解決するために人や企業の行動を方向づける道具的なルールと、時代を超えて普遍的な価値を体現するルールとがありますよね。前者についてはそのルールがどういう場合にどのように発動するのか、条件と効果を設計する必要があるし、後者の普遍的なルールについては、それがどういう場合に制約され得るのか、他人の人権や利益との衝突をどのように調整するのかが問題になる。こういうある程度の整理は可能だと思うんです。

　ただ、本当にこのような整理でよいのかとか、これで網羅できているのかはよくわからない。展示の企画の段階でも、ルールをつくるときの

必要条件みたいなものが割とフワッとしたまま整理し切らずに来てしまった。世の中的にもそんなに整理されてないのではないかという疑念はありつつ、その問題を宙吊りにしたまま、どこかで全容が見えてくるんじゃないかというぐらいの感じで来てしまった。結局、展示が終わっても整理しきれず、じゃあ本をつくるなかで整理できるかなと思っていたけど、未だに整理できていない気はしています。それが何なのか。たとえば法律をつくるときにやるべきことは挙げられると思うんですけど、それはどちらかというと、考えなきゃいけないことというよりは、課題があって、そのプロセスに乗せていくということなんだと思います。国会で決議する、内閣で決定するといった民主主義国家の手続き的なことは決まっているけど、じゃあ何を誰がどの順序で議論していかなきゃいけないのかということが意外とあるようでない。また、家庭内のルー

ルとか、友達との決めごとや、社則や校則をつくるレベルでも、議論すべきことがフワッとしか立ち上がってこないというか。それは確かに今みゆきさんが言ったことと同じ問題で、ずっともどかしく思っていながらも、いつまでたっても整理されない問題としてありますよね。

菅：実際に問題に直面したときにはじめて、ルールについて考えるということがあるから、「こういうときはルールをつくるべき」みたいにあらかじめ決めておいているものってあんまりないような気がします。ということは、それぞれ個別具体的な問題を扱うことになってくるから、網羅のしようがない。でも一方で、何らかの状況や立場、環境などと対象を絞れば、整理はできるかもしれないですね。

田中：でも何か「現在の現実世界に対して有効なものにする」とかは割と共通していることじゃないですか。もちろん今考えうるいろいろな未来

の可能性も踏まえてるんだけど。あるルールが扱う現実が変わってしまった場合には、理論上はルールを更新していくことになっている。

菅：最新のものが一番有効であるみたいな、そういうことですか。

田中：うん。それをそこまで明確にしているものはないけど、たとえばこの前、放射性廃棄物処理についてのドキュメンタリー映画『100,000年後の安全』（マイケル・マドセン監督、2010年）の原稿[→188頁]を書いていて思ったんですけど、10万年後までそのルールは適用できるなんて自信を持って言える人は誰もいないわけで、何となくそこをぼかしつつ、でも必要なときは更新して、その更新したものをよしとする。そういう慣習はあるけど、じゃあそれを決めた人たちが全員死んだらどうなるのかというとすごく曖昧で。何となく人間はみんなある程度同じだという謎の認識に基づいて動いてきているんだなということを改めて考え

たりしました。

菅：なるほど。だから明文化して残しておくということさえもマストではないわけですよね。

田中：『100,000年後の安全』をもう一回見たんです。そのときにやっぱりそのルールがあるとか、ルールをどう伝えるかというより、放射性廃棄物の危険性についてずっと話し続ける必要があることを伝えることが一番大事だと言っていて、確かにそうだよなと。だから何かルールがあるということよりも、常に話してそのルールを更新していかなきゃいけないということをどう伝えるかの方が大事というのが、いろんなことにあてはまるなと思ったんですよね。でもそれがあまりにもされていないというのも同時に思ったりしました。

水野：今の社会が継続していく前提に立つと、ルールというのは一回つくると、それを消す動き、廃法にするということをしない限りは、残る前提でつくられていくわけですね。

「時限立法」という期限がある法律もあるんですけれどもそれは例外で、特にそれに異議を唱えたり、見直したり更新したりしない限りは、基本的には残っていくという性質がある。それがルールのひとつの大きな特徴にはなっている。今生まれてきていない人たちの人権とか視点というものは入り込まない。更新していくとか、そういった新しく生まれてきた視点を付け足す手続きが用意されていない。そういう問題をどういうふうに埋め込んでいけるか、今後考えなくてはいけないところなんだろうなと。

田中:話したのはコロナ前のことなので、今は変わっているかもしれないですが、ある演出家の方が、人間なんて自分の人生の間しか責任持てないんだから、総理大臣なんてAIがやるべきだというようなことを言っていたんですよね。そもそも有限な身体を持った人間がやるべきではないと。それは本当にそうだなと

思いました。ただ、やっぱりそこにどうしても人格みたいなものとか、身体という物質性みたいなものを求めてしまう、そこに委ねてしまっている部分が、私たちの世代はぎりぎり残っていますが、一方でそれがどんどんなくなっていくだろうなという気配も感じている。それは展示の《D.E.A.D.》**[→148頁]**という死後の人権についての作品もそうですし。そのことについてどう思いますか。

水野:我々の世代でも、AIみたいなところのものが客観的にフェアにやってくれるのであれば、性能のいいものであれば、そっちに任せた方がいいんじゃないかという議論はありますね。もちろん思考実験としてその方がフェアになるんじゃないかという議論と、本当に預けられるのかという議論は大いに違っている。そういう意味で、本当に預けられるのかというと多分預ける人はほとんどいない、まだいないと思うんですよね。ただ、一方でやっぱり人間の

有限性に基づく限界というものは間違いなくあって、どうしても欠けてしまう視点やバイアス、限界があるということもまた明らかで。そういう欠点というものを補っていくという、その不安定さこそが次の糧という言い方になるんですかね。ただ結論としてはやっぱり私も委ねられないんじゃないかな。委ねられないというのは、それは今までない状況に対応しきれないという意味での能力、AIの能力的な限界もそうだし、あとはやっぱり、心情的にも委ねられない、委ねるべきでもないというところを、まだそういうふうに信じているからかもしれないですね。

田中：でもこの国がすごく貧しくなっているのは事実で、仮定の話をしている状況でもなくなってきているなと思うし、どんどん若い世代が割を食っているだけなように思うんですよね。決定権がある層が、それこそさっきの話に戻ってしまうけど、自分はあと残りわずかだから生きて

る間だけ何とか持ちこたえられればいいという思いが絶対に少なからずあって、そういう人たちに未来を託すことの方が現実的じゃないかもしれない。そこの問題をどうシステムとして解決していけるのかと。

水野：これは結構リアルな選択肢として、子どもに選挙権がないように、80歳以上など一定以上の年齢の層には選挙権がないとか、シルバー民主主義の是正の議論として迫っているだろうなという気はします。あるいは選挙権年齢を下げるか、選挙権はなくとも若者の意見をもっと集約して、たとえば毎年いくつかの政策は、20歳以下、18歳以下の未成年の意見を入れたものを入れなくてはいけなくするとか、あるいは国会議員の一定の割合は若者にしなければいけないとか。こういう議論というのは実は少し始まりつつあるんですね。だから、ルールを決めるときの決定権者の今の想像力のなさをどう補足するのか、是正していくのかみたい

な議論とも絡んでくるものとして、今の話は結局民主主義の問題として位置づけられるんでしょうね。

■ 自分の範疇を広げて考える

菅：人は自分のことしか考えられないという、人間の想像力のなさを補うためにルールやシステムをつくることによってどうにか解決できないかと考えてみると、深く他者にかかわることで、自分の問題として考える範疇を広げることが有効な手立てになるのではと思っています。たとえば自分が10年くらい前から大学で教えるようになったときに、目の前にいる学生が将来どうなるのかなということを考えるようになったんですよね。つまり誰かに対して強くコミットすることで、その人の先のこともリアリティをもって真剣に考えるようになることってやっぱりあるんだろうなと思って。その後自分に子どもができたときも同じような

ことを思いました。他の人の未来に強く関わっていくことがもしかしたら、自分だけがよければいいとか自分だけ逃げ切ればいいという考えを脱して、もうちょっとだけ自分の問題として範疇を広げて考える手がかりにならないかと思ったりします。やっぱり今の政治家を見ていると、自分と全く属性の異なる人と関わってなさすぎるんじゃないかという気がします。たとえば世代の異なる人たちの間でどうやって、利害は違うんだけれども、強くコミットできるような状況をつくれるのか、つまり単純に、そもそも自分にとって大事なことはあの人にとってはどうなんだろうと思いを馳せられるかどうかというのが、きっとこの先大事になるような気がしています。これを実現するには、ルールをつくるというような仕組みで支えた方が長期的には何かいいことが起きるんじゃないかなと思っていました。

田中：まさに私が障害のある人と活

動しているのもそれが主で、結局自分の想像の範疇にあるものを扱うことを私は面白くないと思っていることが前提としてあります。でもいつまでたっても日本では障害のある人をかわいそうという視点で見る人が多い。それはやっぱり同質性が高いと思い込まされてきたからだと思うんですよね。全員が同じような文化を持ち、言葉を持って、出自も大体同じという前提で育てられる国って他に例がないわけでもないけど、わずかです。とても狭い基準を「普通」として、そこに当てはまらない人を見えないものにしてきただけなのに、「普通」を前提にしすぎてきたと思うんですよね。それが今自分たちの首を絞めていると思うけど、でもそういう国でどうやって異質性、あるいは違いみたいなものが当たり前のこととして受け止められるようになるのか。

菅：自分が教えている学科では、大学1年生の必修科目のクラスは学籍番号順に30人ずつ一つの教室に入れるというルールで決めているんですけど、そうすると、最初は強制的に学籍番号が近い人同士が隣に座ることになって、結果仲良くなるんですよ。そこで仲良くなった人同士が卒業後もずっと付き合いが続いたりするんです。それが面白いなと思って。たまたま近いだけなんですよ。その人のことは全然わからないけど、たまたま席が近くて話していて、それによってすごい仲良くなって一生の友になったりとか家族になったりとか、いろんなことが起きている。要するにランダムですよね。強引に隣り合わせに座れと言われて座っているだけなのに仲良くなってしまうのが面白いなと思ったんです。つまり、意思に任せていくと同質性からなかなか抜け出せないという問題に対して、何か強引に一緒の時間を過ごさせるみたいなことで起こる人間同士のつながりによって起きることに、ちょっと期待してみたいとこ

ろがあるんです。

水野： 今の話は、どうランダムでそれ（仲良くなる機会）を持ち込んでいくかみたいなことだと思います。ちょっとルールの話から外れちゃうかもしれないですが、歴史的には災害や戦争もそういうものの一種で、そこで仕切り直しが起きて、また違う新しい文化が生まれるという話は言われたりしますが、そのランダムネスをルールによって持ち込むということですね。それもひとつのルールなのだと思うので、それを多様性と言っていいのかわからないですけど。

菅： 仲良くしなきゃいけないというルールではなくて、単に隣に座りなさい、隣に知らない人が座ることがあるよというルールがあれば仲良くなるんじゃないかみたいな、そういう感じなんです。

水野： 実現不可能かと思うけど、たとえば定期的に住む場所を変えなければいけないとか、そういう話もあり得なくはないですよね。そういう

ある種の偶然性みたいなものをルールの中に持ち込むことで、精神的にあるいは感情的にできないことも、何とか埋め込んでいくというような、そういうアプローチはあり得るんじゃないかなと思います。まあそこまでいけるかどうかはまた別の議論ですが。

菅： 学校の話になりますが、今は結局同じ世代の人しか集まらないんですよね。年上の人がいきなり学びに来ない。だから年齢差のある人と触れ合う機会が先生としかないみたいなのもちょっと不幸だなと思っています。

田中： 日本では、2022年に国連から勧告を出されたくらい、インクルーシブ教育が遅れています。やっぱり大人になるまで接するどころか見たこともなかった障害のある人と、いきなり仲良くやっていきましょうと言っても、受け入れられなかったり時間がかかるんですよね。障害のある人と活動していると、障害のあ

る人がその場に一人いるだけで、周りの人たちの話し方や接し方が自然と変わることがよくあります。慣れの問題が大きいと思うんです。だから子どもの頃から偶然そんな人たちが隣にいるという環境があるのは、社会にとってとても重要なことだと思います。

■ マジョリティは消去法によって構成される

水野：私は日本でロースクール制度が導入された初期の法律家なんですけど、私がロースクールに行ったのは、ちょうどロースクール制度ができた直後だったので、そのときは社会人をやっていてロースクールに入る人と、大学卒業したばかりの私のような人間がうまく混ざったんですよね。それこそ多様性に満ちていてすごい面白かったんです。そういういい状況がそのときは一瞬生まれた。それで今、リスキングとかリカレント

教育とかに文科省が力を入れようとしていますけど、タイミングとしては、今そういうことをやるひとつの制度設計のチャンスではあるかもしれないですね。

田中：今話を聞いていて思ったんですけど、たとえば最近ろう者とプロジェクトやっているときに感じたのですが、ろう者の人たちはろう文化とは何かみたいなことをすごく話すんです。それには、ろう者は耳が聞こえない人という側面が強調されがちで、手話という日本語とは異なる言語やそれに伴う文化を持っていることがなかなか理解されづらいということがあります。だから、自分たちの言語や文化について言語化する必要に迫られるし、仲間内でも話し合っている。じゃあ、たとえば聴文化（聞こえる人たちの文化）となったときに、私たちの中に聴文化について語れる人はどれくらいいるんだろうかという。聞こえることが当たり前で、みんなが聞こえる、ほとん

どの人が聞こえる状態を共有しているから、話す機会もないし話す必要性も感じていない。そうなると自分たちの文化を語っていく機会という意味では、マジョリティの方が逆にそういう機会が少ないと言えるんじゃないかなとは思います。

水野：なるほど。それはさっきとまた別の真逆のベクトルとも思えるというか。見過ごされている視点があるというのと、逆にマジョリティの方がむしろ見逃されているという考えもあるという。すごい複雑なレイヤーを感じましたね。

菅：マジョリティがマジョリティである条件は問われないわけですよね。自明のことだから。環境になっているから、問いかけられることがない。

水野：あとはやっぱりマイノリティがそのことによってアイデンティファイされる状況というのは本当にいろいろな場面であり得るところはあって、よりプライドやアイデンティティを持ちやすいというところ

もやっぱりいろんなケースで見ます。我々も、切り口によってはそれぞれがマイノリティになっているわけで、そのときにそこに自我を持っているというかこだわりを持っているという場面は、毎日のようにあるかなという気はしますね。

田中：だからある意味、消去法で集まっている集団がマジョリティだと思うんですよね。障害がないとか、今の社会で普通に生きていくうえで困難がないとか。だからポジティブに結びつけている要因が実はないんじゃないかなと思ったりします。

水野：なるほど。それは面白い。消去法によってできている集団がマジョリティであるという。

田中：だからそういう存在、そういう人たちが集まった中で、どうルールをつくっていくかとなったときに、消去法的にならざるを得ないのも、どこかつながっているんじゃないのかなとか思ったりしました。してはいけないことばかり増えがちというか。

水野：意図というか、こうしたいというのがないから、どんどんルールが増えていきがちになるという。それは力学としては確かにありそうですね。

■　場は何を規定するのか

水野：「ルール？展」を振り返ってみたいと思います。展覧会から時間をおいて改めて考えてみて、今の観点から重要だと感じる問題点や課題はありますか？

田中：結局やっぱり展覧会をどう捉えるかということなんだとは思っていて、ただ単に人がたくさん来て、いくつか作品を見て、テーマについて何かしら考えて帰るということを展覧会だとするならば、目的を達したと思います。当初の予定というか、避けたいと思っていた、お勉強的な堅い展示だと思われるんじゃないかとか、そういうこともなかったと思います。ルールを親しみやすく感じ

た人はいると思うし、そういう意味では成功した部分もあると思うんですが、でも個人的には、展覧会の意義って、ある種さっき菅さんが言っていたような、無理やり同じ空間に、全然文脈もなく人が集うことだと思うんですよね。それである一定の時間を過ごす。そのことがうまく活かし切れていたかというと、もっとやるべきことはあって、それは展示としてということではなく、もっと目に見えないことだったと思うんですよね。声のかけ方とか、会場の雰囲気とか、ある意味で文化ですよね。この展覧会が持っている、つくりたいコミュニティとか、そういうものがちゃんと伝えられていたかというと、そこは足りなかったなと思います。ちょっとオープンエンドにしすぎたなという。ある種の人たちを遠ざけてでも、何か言うべきだったんじゃないかなとは思います。

水野：それはある意味、めちゃくちゃ高度なことでもありますね。で

も言いたいことはすごくわかる気がします。

菅：これが展覧会じゃなかったらどうなるんだろうということはちょっと思いました。要するに「ルール？展」じゃなくて「ルール？カフェ」とか「ルール？公園」だったらどうだったのかなと。

水野：ああ、面白いですね。

菅：そうなったときにはちょっと変わってくるなと思っていて。要するに、今は作品を見るというのは個々人の体験に落ちてしまっているので、なんだかんだみんなが同時にいるんだけれども、やっぱり別なんですよね。あくまで先をどう見るかみたいなところがそこの体験を主になっているから、その場にいる人たちがどうやり取りするのかというのはやっぱりその次の次の次ぐらいのところにある気がするんですよ。だけどたとえば展覧会ではなく公園になったとき、要するに一人では見られない作品になったときに変わってくるの

ではないかと。

水野：それは受け取り方が変わるし、受け手だけは済ませられないという。

菅：モードが変わるというようなことですね。

田中：美術館という場が規定する身体は確かにあったと思いますね。

菅：うん。そういうこともやったら変わったかなっていう気はちょっとしています。あの場で作品を見ることが予想以上に固有の体験になっていたという感じで、そこは結局乗り越えられなかったかもしれないなと思っていて。だからさっきの「ルール？カフェ」とか「ルール？公園」だったら全然違うんだろうなという。

水野：鑑賞に関しても、完全に個人的というよりは、そこの場が規定する身体性みたいなのはやっぱりあるはずです。ただ、安藤忠雄建築である21_21 DESIGN SIGHTという場は限りなくそれが少ない、薄いという、そういう展覧会場だとは思います。だから会場が違えばその要素が少し

また違ってくるとかいうことはあり
ますね。「ルール？カフェ」とかの方
がよりやれることがあったかもしれ
ない？

菅：それはちょっとわからないです
けど、あの場を揺るがすことまでは
やっぱりできなかったなとは思います。

水野：そういえば我々も青空会議を
やろうって言ってましたよね。

菅：やっぱり、コロナ禍だったとい
うこともあると思いますけどね。全
員マスクをしているとか。いきなり
知らない人と喋ることに対して心理
的な抵抗がやはり強かった時期だと
思うんです。それは限りなく影響し
ていると思う。

水野：コロナは来場者がルールを考
える方向に間違いなくはたらいた一
方で、それによってインタラクショ
ンが阻害された面もやっぱり同時に
あるでしょうね。あそこの場で「革
命」を起こすみたいなことを企画し
ているアーティストたちがいたじゃ
ないですか。あのときはいろいろ頭

を抱えたりしたけど、今振り返って
みるとあれはなかなか面白い試み
だったなと今なら思えるという。

田中：来場者がどうふるまえば
「ルール？展」のルールは更新され
るのか、など言っていることは全然
真っ当だったと思います。でも結局
はやっぱり展覧会の構造が資本に守
られていた感じはどうしても否めな
い部分もあります。自分たちがルー
ルを覆そうが何か革命的なことが起
ころうが、結局資本の傘の中で行わ
れている限り、それが本当の革命に
なり得るのかという。そこへの疑念
みたいなものは常にあって、だから
やっぱりああいう空間でやるという
ことをもっともっと意識すべきだっ
たなと思ったりしました。

水野：そうですよね。今の話は資本
の問題なのか、展覧会というフォー
マットの限界なのか。両方分かち難
いんだと思うんだけど、多分両方の
部分がありますね。

田中：入場料を取っているというこ

とがまず大きいですね。

水野：入場料を取るという展覧会の形式で、でも公共の実験的な視点を見せられるということは、表現形式として展示というフォーマットが持っている武器というか、有効性でもあるのかなという気はするんですけどね。ちょっと言い方が難しいですが、要は展覧会という区切られた空間は路上ではないし、ある種仮想的なものだという。当たり前ですけれども、展示として見せているというのは、現実そのものではないじゃないですか。

田中：最初の頃、もっと展示物を少なくして見るものがないというか、常に会場が変わっていったりとか、展覧会を見に来た鑑賞者に働いて（動かして）もらうみたいな案もあったじゃないですか。でもそれって結局お金をもらっている代わりにどういう体験を約束できるのかとなったときに、労働ということに対して来場者を納得させられるのかというと

ころが、突破口がなかったということだと思うんですよね。だから何かお金が担保するものの先入観というか、そこにルールはないのに、これぐらい払ってもらうんだったらこの程度の何か体験を提供しないといけないんじゃないかみたいな。そこから問うべきだったなと。

水野：個人的には金額に対する対価みたいなことはそんな考えてなかったですけど。

田中：金額というよりは、有料の展覧会というぐらいの括りです。たとえば「コロガル公園」[→130頁]とかは無料でやっていたわけで、あれを有料でやっていたら、全然場は変わっていると思うんですよね。

水野：なるほど。そうですね。

田中：ルールとまではいかないんだけど、そこの経済的な観念みたいな。その対価として、みんながある程度客観的に評価できるものを選ばざるを得ないというか。ああいう公共的な場所でやる場合、そこのジレンマ

みたいなものを感じました。

菅：それはわかりますね。わかりやすいということを特に重視されるというか。お金を払っているのにわからないとはなんだ、みたいな。そういうことは多そうな気がします。要するにわかりやすいものを是とする価値観みたいなものが、お金を払うという行為によってかなり強化されることはすごいあると思うんです。それは展示にかかわらず、あらゆる表現において言えることなんですが。でも本当はわからないことの方がなかなか体験できないから価値があるんじゃないかとは思うんです。そこのずれは結構ありますよね。

水野：それはやっぱり、エンターテインメントと作品の違うところというか。作品というかアートと違うところだというコンセンサスもまた一方である気はする。コンセンサスとは言わないかもしれないですけど。だからこそアートというふうに括られるものはマスに行かないという話

でもあるんですが。

田中：でもエンタメも必ずしも全てがわかりやすいものではないと思いますけど。

水野：そうですね。だからわかりやすさに流れるみたいなことは世の中にはめちゃくちゃあるけど、お二人はそこはあんまり考えてなさそうじゃないですか（笑）。

菅：いや、すごい考えていますよ（笑）。もうそこに従事してるから、担っているというか。

水野：きちんと導入というか入口を用意しておく配慮をしていると思うんですが、だけどわかりやすくしようとは絶対していないと思うんですよね。入口はつけるけど、易しくしようとはしてないというか。私の印象ですけど、お二人はそれでレベルを落とすみたいなことはしていないし、そうすべきとも思っていないと思うんだけど。

■ わかりやすい満足に勝てるか

水野：それでいうと「ルール？展」における「箱」[→田中みゆき「『ルール？展』のルール」の「動かせる箱」の項（257頁）参照]についてはいかがでした？　会場内に来場者が自由に使える箱（側面に穴が開いている箱）を用意して、いくつかのルールに沿えば、自由に移動させることができるようにしたわけですが。

菅：あの箱は、展示のときに考えていたことを忘れないようにいつも研究室の自分の椅子の横に置いています。

田中：さっきのマジョリティの理論とつながるかわからないですけど、数の問題ってやっぱりあったなと思っています。箱がもっと大量に、展示物よりも多い形であったとしたら、また状況は変わっていたと思うんですよね。展示物の方がマイノリティで、箱を動かすことの方がマジョリティになっていたとしたら、違って

いたと思う。あの数だと、やっぱりちょっと……。

水野：ギミック感？

菅：何か特別な感じがしますよね。来場者よりも数があったらいいなと思ってたんですが。

田中：うん。本当に。

菅：もう自分が動かしようがないぐらい膨大なもので溢れていたら、多分ちょっと変わりますよね。モニュメントというかアイコンっぽい感じの扱いになっていたので、そこがちょっともったいなかった感じがします。

水野：この間（旧）ツイッターを見たら、結構「ルール？展」を未だにつぶやいてくれている人がいて。行けなかったことを悲しむ声もあるし、未だにそれを話題にしてくれているんです。あの展示が面白かったとか、あの展示以来展覧会に行っていないけどそろそろ行きたいなとか、そういう声もありました。箱に触れているものもあって。私はちょっと

「箱なんて」みたいなところがあったんですけど、でもああいう存在によって手触り感が出たという人とか、関わりを見つけたり楽しさを感じた人は、多分一定数はいそうだなと思います。あの箱にどういうふうに落とし前をつければいいのかがちょっとまだ自分の中でできてないんですが。

田中： あの箱でやりたかったことは、用途がないものに対して人はどうふるまうのかということから生まれるルールみたいなものを期待していたと思うんですね。

水野： あと協力とか協調とかね。

田中： でも無視されるか消費されるかということになってしまった。あの箱で何かをしようと思う人や、箱がある意味に気づく人も少なかったということだと思っていて、それはある意味社会の縮図というか。あの箱自体にどういう価値があるかとかはいったん置いておいたとしても、一見何も用途がなさそうに見える、役に立たなそうに見えるということ

を見つめるみたいなことができづらい環境になってしまっていたなとは思うんですよね。だからたとえば、もっと作品も愛想なく置かれていて、スペクタクルな要素は何もなく、ただただ作品と箱がもう同じぐらいの感じで置かれていて、かつ数がもっと多かったとしたらどうだったんだろうなとかちょっと思うんですね。お膳立てされた体験みたいなものを多くの人は選びがちだし、そこを壊すには相当な計画性と執念が必要だと思うんですよね。そこはもっとできたところかなとか、展覧会としての見え方を犠牲にしたとしてもやるべきことだったのかなとか思ったりします。

菅： だから難しいですね。なんかサービスしちゃうというか、「せっかく来ていただいているんだから」みたいな気持ちはやっぱり常にあるんですよね。そこまでやっていくことが本当にいいことなのかどうかというのを、結構考えたなと思います。

やっぱり展覧会という枠組みになるから特にサービスする気持ちが強くなっちゃうんですけど。来てくれたからこそ、何か持って帰ってもらわないとと、丁寧に用意して体験をつくって、みたいなことをついやってしまう。自分の技術としてそういったことはうまくやれてしまうんだけれども、引いた目で見たときに果たしてそれはいいことなんだろうかと。

田中：本当にそうですね。

菅：自分がこれまでやってきたことに対して強く疑念が生まれましたよね。それはすごくある。

■ **ルールはバイナリー型、マナーは堆積型**

田中：ちょっと無理やりかもしれないけど、総理大臣が人じゃなくなる可能性の話と関連させると、人って人を目の前にしたときに、やっぱり何か楽しませたいとか、いい反応がほしいとか、どんな人でも何かしら

思ってしまうじゃないですか。それを持たないことって相当な信念と執念が必要で、常にそことの戦いなんだよなって思ったりします。

水野：心の声ですね（笑）。

菅：それをいうと弁護士とかはそれをやってはいけない職業だから、そういう「情に任せない」みたいなトレーニングを積んでいるんじゃないですかね。

水野：一定程度はそういう教育というか訓練をしている職能ではあるかもしれないですね。

菅：でも政治家とかって結局、地元から出てきているという前提があるから、そもそもの出自がもう情で結びついた関係が強いんですよね。だからそこを引きずったままずっと行われてきて、それの頂点が総理大臣みたいことですよね。情の引き受け先みたいな。

水野：でも一応、間接民主制というのは、純粋理念的モデルとすれば、そこの代表ではあるけれども、そこ

から切り離された存在として国政を
やるという設定にはなっているはず
なんですよね。

菅：設定ではそうだけど、でもやっ
ぱり無理だということですね。人で
ある限り情は断ち切れないわけで、
そこが人間の限界でもあって面白い
とこでもあるとは思うんですけど、
その難しさはすごく痛感します。だ
からルールに任せてしまうというの
は、情から脱するためのひとつの
手段ではあるのかもしれない。でも
設定する側に情があったときには、
やっぱりちょっと歪められたりもす
るのかな。

田中：情とか、言語化できない文化
みたいなものが、マナーにつながっ
ていると個人的には思っているんで
すけれど、ルールとマナーはどう違
うのかが曖昧になっていることに対
してモヤモヤすることがありました。
前に水野さんもそんなことを言って
いた記憶がある。ルールとマナーって
あえて展覧会では分けなかったし、明

文化もしてないんだよね、っていう。

水野：規範と、法とかルールみたい
なものを分けて論じるか、論じない
かということですね。それは倫理と
か道徳もそうかもしれないですけど。
その前提になるのかわからないです
けど、明文化した方がいいルールと、
そうじゃないルールというのが多分
あって、この区別もどういう場合に
そうなのかとあんまりうまく言えな
いんですけど、一つは流動性が高い
場合、変化が激しすぎる場合は固定
的なルールにするより流動性が高い
ものにする。ルールを硬直的にとい
うか、明文化しない方がいい場面が
あるだろうなというのは言えるんで
すけど。

田中：それは明文化することによって
何かが失われるという理由ですか？

水野：ルールとして一回定めてしま
うと、多分次々と起きてくる事象の
中で、対応できないイレギュラーな
ものがたくさん出てくる。対応し切
れないし、ルールがあることの弊害

の方が大きくなってしまうという。典型的にはそういう場面はあると思うんですけど、それ以外にもいろいろあるんだろうな。その辺もちょっと整理し切れていないところですし、あとやっぱり規範というものは、文化的なものと言っていいのか、ちょっと文化の定義もまた難しいと思うんですけど、一定の時間と、コミュニティによって次第に形成、積み重なって堆積していくものだと思います。ルールって、ガツンと分断するというか、ややデジタル的、バイナリー的なものというのか、何かはっきりしたものだけれども、規範というのはもうちょっと堆積型というんですかね。そういうところがあって、何か規範をつくろうと思ってもつくれないというか。そういう違いはあると思います。慣習、慣行もそうですよね。特定のコミュニティにおける慣習では、「慣習法」という考え方があって、それを慣習としてみんなが認めるのであれば、法

律と同じ効果が認められることになっています。

田中：へえ、知らなかった。

水野：そうなんですよ。民法とかにも書いてありますし、法律にちゃんと明記されている考え方です。そういう意味で、同じように扱える場面はあるんですけど、じゃあでもどういう状態が慣習と呼べるのかというのは結構曖昧で、みんなで「そうだ、そういうルールがあるよね」「そういうルールで運用していたよね」としていたことが諸事情から言える場合という、すごく雑なんです。でも結果論としか言いようがないような状態まで昇華されないと慣習法として認められない、簡単には認められないということなんですけど。全然結論はないんですけれども、結局その規範とルールの違いみたいなものというのは、未だ整理し切れていない。

田中：ルールにすることの方が、一見拘束力がありそうに見せつつ、でも規範の方が同調圧力が強い場合は、

ある意味ルールよりも重んじられる場所も結構あると思うんですね。それは日本特有の特徴だと思うけど。

水野：たとえば、自衛隊とかパチンコとか公明党とかは、法治主義国家や日本人のルール感についてやっぱり考えさせられますよね。純粋なルールよりも重んじられているものがあるという一つの例で、規範とちょっと違うかもしれないですが、法とか明文化されたルールよりも、本音と建前というんですかね。そういう要素が日本にはあるみたいな指摘はこれまでもされてきたかもしれないですね。

田中：それはやっぱり本音と建前が共有できる、それを読み分ける能力をみんなが保有しているという前提に基づいているという意味ではすごい怖いことですよね。

水野：そうですね。文化や人種がある程度限られてきたからこそ可能になっているというか。だから美術館という場所が結構そういう要素をあ

る種メタ的に持っている面もあったなというのはやっぱり思ったかな。

■ **ルールをつくることはコストを下げる？　あるいは上げる？**

水野：展示が終わった後のこの3人の共通する見解としては、やっぱりルールの運用者というかファシリテーターというものをもうちょっとちゃんと考えるべきだったということでしょうか。当初からもルールをつくることに目が行きすぎないようにしようというマインドはみんな持っていたんですけれども、それでもつくることにちょっと目が行きすぎていたという面はあったなというところは、ひとつ大きな気付きでした。なぜ世の中で「〜してはならない」という禁止ルールが増えてってしまうかというと、禁止ルールは設計・運用コストが低いわけです。その代わり、デメリットも大きい。

　だから、今の話に引き付けて言う

290

と、やっぱりルールではなく規範の方が適している場面があり得るということです。要はルールにすると、それをつくるまでのコストやつくってから運用するコストがかかっていくけれども、規範とか明文化しないことによって、限られたコミュニティとか一定のリテラシーを共有するなかである種よろしくやっておいてくれるというような。統治者側としては、そこでうまく全体を最適化してくれるんじゃないかと期待できるわけです。そういう統治におけるコスト配分みたいな視点から、ルールが決まっていない方がコストが低いという場面はあり得そうだと思いました。また、コストだけでなく、明文化しないこと、グレーゾーンにしておくことで柔軟性や主体性、本書でいう創造性が醸成される余地も生まれる可能性がある。

田中：でもやっぱりそれが機能するのは、本当に限られたコミュニティと教養とコミュニケーション能力に依存しているということなわけですよね。最近のいろんな問題に通じるなと思うんですけど、結局物事は静的なものではなく、動的だから、常に確認して共有して議論を続けないといけないみたいな結論に陥りがちなんですけど。でもそれってすごく人間の資質や能力とか、いろんな面で高いレベルを求めすぎてしまうきらいがあって。

水野：限界がありますよね。

田中：論理を構築する力とか、人を選ぶ行為じゃないですか。さらにそれを共有しない、あるいは全く違う次元にある人と、どうその議論を続けていけるのかって、ルールをつくるよりはるかに難しいことだと思うんですよね。そのことが課題としてすごく残ったなとは思います。よく考えるんですが、やっぱりこの日本という国とコミュニティは、本当に限られた範囲の中で先鋭化しすぎてきたと思うんですよね。先ほどの多様性の話に戻ると、たとえば言葉

の使い方が違う人が入ると、ある種限られたコミュニティでは通じていた言葉を妥協しないといけなくなるわけですよ。でも解像度を下げたり、別の方法で置き換えたときに、それまでの議論をそれまでと同じように続けられるなんてまずないことなんですが、そういった変化への耐性がある人がすごく少ないなと思います。自分が慣れ親しんだ基準から少し外れると、下に見たり受けつけられなくなってしまう。何かそういったことへの耐性をつけるみたいなことが私は一番大事なんじゃないかなと思うんです。

水野: すごく重要な点だと思います。ちょっと違う話になっちゃうかもしれないですが、結局「ルール？展」をやっていたときに、「意見募集」[→田中みゆき「『ルール？展』のルール」の図5（261頁）参照]とか文字情報というか言語的なルールに頼ってしまったところがありました。ですが、もう少し言語以外のもの、たとえば非言語的なアプローチあるいはアファーダンス的なアプローチもありえたと思うんです。それについて、こうしておけばよかったんじゃないかとか、何かこういうアプローチもあったんじゃないかとかありますか？ ルールというものはそもそも前提として文字的だというのはもちろんあるんですけど、ルールというものを今後考えていくときに、文字だけではないアプローチは何か考えられるのか。

田中: 個人的にはリミニ・プロトコルとの協働制作の《あなたでなければ、誰が？》[→198頁]とか、コンタクト・ゴンゾの《「訓練されていない素人のための振付コンセプト003.1（コロナ改変ver.）》[→170頁]、あとは箱など身体的な要素も意識はしていたけれど、でも確かに、ルールは明文化が前提にあるというのはどこかであったかもしれないですね。

水野: 来場客数が我々が当初していた予想をはるかに超えて多くなって、

その混雑からさまざまな問題が起きてしまったときに、解決策として我々が出せるものが、どうしても明文化という手段での「押さえつけるルール」の方向に行ってしまったという感覚はあります。あのときもたくさん議論していて、もうちょっと自発性とか創発性みたいなものを生むようなルールを考えられないかということをいつも言っていたけど、結局「〜することができる」ということよりも「〜してはいけない」ということが多くなってしまった。

田中：身も蓋もないことを言うと、多分文字が一番経済的なんですよね。

水野：そうだね。それはすごいそう。経済的ですよね。

田中：だからリソースがない中でそういう方法に頼らざるを得なかった部分はかなりあると思います。

水野：でもそういう意味ではルールが文字的だということも含めて、そういう意味では何か物事を実現しようとしたときに、ルールにするというのはある意味コストが低い行為でもあるということなのかな。

菅：そうですよね。だから椅子を元に戻してほしいときに、自走式で勝手に戻ればいいわけなんですけど、それはやっぱりつくるのが大変だったりするから、人に戻してもらう必要があると。そのときに戻し係の人を雇うのか、それとも使った人に戻してもらうのか、はたまたいろんな方法があるわけですけど、一番多分コストが低いのはやっぱりルールをつくることだったと思うんですよね。

水野：なるほど。

菅：ルールがどれだけ守られて実行されていたかは不明ですけど。

田中：さっき水野さんはルールをつくる方が明文化しないよりもかかるコストが高いと言ったけど、逆にルールを守る人間にとっては、明文化されない方がコストは高いですよね。ルールに書かれていないことを自分で状況から推測して判断しなければいけない。人によって判断も変

わる余地が大きいから、合意を取るのもより大変になる。

水野：確かにそういう面もありますね。何を解決したいかにもよってくるかもしれないですけど、でも確かにそういう逆の要素もありますね。

■ **ルールリテラシーとルールコンピテンシー**

水野：私からもうひとつ聞いてみたいことがあって、この展覧会をつくるときに、我々はルールというものを疑ったり、あるいはルールというものを考えることによって主体性を生み出すことができるかという問題設定をしていたじゃないですか。たとえば「ルールリテラシー」と「ルールコンピテンシー」で分けられると思います。まずリテラシーは、ルールのことをよく知ったり、その解像度を上げるということで、これはみんなで勉強するとか、啓蒙するという話になります。でもみんながそ

ういうリテラシーを持っているわけではないときに、ルールを自分たちでつくっていくとか、そのルールをつくることに参加することが楽しいというような主体性が重要になってくる。これは、たとえばルールのことを知ってそれについて友達と話したり、それについて何か意見を言ったり異和を表明するというような働きかけをしてそこに関わることによって、その問題やルールのことを自分のこととして考えられるという話になります。そういう能力、力のことをコンピテンシーと呼べると思います。私の中ではそういうテーマがあって、もちろんルールリテラシーを上げることも大事だけど、展示という形で体験してもらうことによって、ルールコンピテンシーを受容したいという思いはありました。最終的なゴールとしておそらくそれは実現が難しかったし、実際に達成できたことよりも達成できていないことの方が多かったと思うんです

けど、そういう視点から何か考えているとはありますか？

菅：つまり、当事者であるとはどういうことか、みたいなことだと思うんですね。

水野：そうそう。自分のこととして考えてもらえたのかどうか。

菅：展覧会の場合、来場者は当事者なのか、当事者ではないのか。我々は来場者に自分たちが当事者だと思ってほしいし、そうなんじゃないかと思っていましたよね。

田中：そのために、会場の入口に鑑賞ルールが書かれたスタンプを置いて、そこから自分で選んでハンドアウトの表紙にスタンプを押せるようにして［→**154頁**］。それぞれの作品を鑑賞することを通して、ルールの存在を自分に関係のあることとして捉えられた人はたくさんいたと思います。展覧会という場に直接働きかけるという観点においては難しかったということかなと。

菅：そういう工夫をしたけれども、

でもそれだけではやっぱり当事者という意識は生まれなかったということですよね。さっきの話に戻りますが、やっぱりお金を払うという時点で、もうそこは失われてしまうんじゃないかという気はしたんですよね。展覧会のフォーマットということ自体が、それを失わせるように作用していた可能性はかなりあったと思うんです。

水野：エンタメとして消費されるようなモードになりやすいということ？

菅：というより、お金を支払うというのはある意味、当事者になることは担わないということなので、そういうことになりうるなと思ったんですよね。

水野：まあ本当にそうなのかという疑問はあるけど。

菅：本当にそうなのかはわからないですよ。だって我々も税金払っていますから、そういう意味では、払っているからこそコンピテンシーを発揮しなければならないという言い方

もできるかもしれない。ただ、現状はやっぱりそこまではいかなかったということですね。

水野：なるほど。払っているからこそ、主体性を持ったり自分たちの場なんだと思えるということもある。ただ、今回はそういうふうに思えた人がどれだけいたのか、逆にいなかったとしたらそれはなぜなのか。

菅：それはイベントというか、「出かけていく場所」、つまり非日常の場所だったからみたいなのもちょっとありそうな気がします。日常の場所だったら、たとえば自分が家賃を払っている部屋であれば自分が過ごしやすいようにふるまった方がいいし、自分の家の前もきれいにしておいたほうがいいという感じで、自分の住居の周りにも当事者性が発揮されるわけですが、たとえば出かけていって、そこの場所でいきなりそれを発揮できるかというと、そこは結構難しい。でもそれができるんだったら面白いですよね。

水野：それこそみゆきさんが問いかけた、展覧会という場所、あるいは美術館という場所の公共性ということを考える人がほとんどいなかったということですよね。我々のそういう見立てもなかなか伝わりづらかったのもあるかもしれないんですが、たとえばそこで写真を撮りまくるとかガヤガヤすることによって失われていく、そこは実は自分たちの場でもあるよということが、やっぱりわかりづらかったということですかね。

田中：展覧会という場をそもそも「使う」場と捉える文化がまだまだないということかもしれませんね。だから何らかその「受け手」のモードから「つくり手」のモードに変えるためのあからさまな仕掛けがもっとあってもよかったのかもしれません。そうすれば、その場に所属している感覚を得たり他の人を仲間と捉えることもできたかもしれない。今回はそれはやらなかった。ある意味すごい高度なことを求めてしまっ

たというところもあると思うんです。ギミックなしで、身一つでそれをやってくれみたいな（笑）。

水野： 確かにね。今思うと高度な技だったと気づけるんだけど、当時はそれでもプレイパーク的な方向も考えましたよね。みゆきさんが書いてくれた入口の文章にもそのあたりは意識してもらって。

田中： あれも多分、意見募集を出したときのように手書きで書くとか、やり方はもっとあったんですよね。でも会期の途中で変えるにはお金がなかった……（笑）。

水野： そういう意味では、プレイパークの入口って、手書き風の整いすぎないような字で、でも我が事になるような字で書いてあったりしますよね。

菅： 綺麗すぎたんですかね。

田中： それこそさっきのAIの話じゃないけど、人間味というか、何か見捨てられない感じというか、そこがやっぱり必要だったんじゃない

かなと。そういうデザイン的なしつらえをあらかじめ計画することで解決できたこともあったかもしれないです。

菅： あると思いますよ。もっと儀式的にふるまうとか、そういうことですよね。それはすごいありそうな気がしますよね。

田中： さっきのマジョリティの話につなげると、マジョリティって当たり前に社会を共有していると思っているがゆえに、自分がそこに所属しているかどうかはあまり問う習慣がないじゃないですか。たとえばサッカーをするとか、具体的な活動に紐づいていれば別だけど、それ以外の場所で常にそのことを問う機会ってないんですよね。だから何かそれを問うことを怠っていたなと思います。つくりたいコミュニティをちゃんと示せていたのかと言ったのはそこなんです。でもみんなが消費して終わったかというとそんなことはなくて、メタ的に見るということを楽しんで

いた人は少なからずいたと思うし、完全に失敗だとも思わないですけど、その対マジョリティに対するアプローチがもっとあったかもしれないなとは思います。

菅：今話をしながらふと、写真を撮ることはある意味でコンピテンシーを発揮しているのではないかと思いました。ただそれは我々の想定している所属ではない別の所属に対しての発揮なのかもしれなくて、要するに、展覧会というところを体験するような考え方の人という所属ではなくて、自分がどういう体験をしたのかをSNSで外に出していくみたいな所属意識なのかなと。

田中：確かに。外に向いちゃっていただけだったのかもしれない。

菅：だからこそ写真を撮る。その所属意識がずれているだけで、実は人は常に、自分の所属に対して何をもたらせるのかだけを考えている。ただそこのところのずれが発生しているというか、どこに所属してどうふ

るまうのかが我々とずれただけなのかなという可能性もちょっとあるなと思う。

田中：それをこちらに向けさせることができていたら、また違っていたのかもしれませんね。会期の途中で出した意見募集も会場内に掲示する形で行ったけど、SNS上で投げかけていたらもっと違う反応が得られたかもしれない。メディア環境のジェネレーションギャップもあったと思います。

菅：所属するところはこっちにもあるんだよと。そういうことなのかもしれないですね。

水野：面白いですね。確かに、こんなに写真が撮れる展覧会はめずらしくて嬉しい、という感想もあったし。

菅：あとは、みんな独特な写真は撮っていないじゃないですか。ある種のコードを守るように撮っていたので、それがすごい興味深いなと思いました。だからやっぱりそこのルールというか、そこの文化みたい

なものがなぜかあるんですよ。それ
とこっちの文化も何かギャップとい
うかずれみたいなものがあっただけ
ということはあるかもしれない。

水野：確かにそういう見方はできる
かもしれないですね。

■失敗が更新のチャンスになる

田中：あとコンピテンシーというこ
とに関して言うと、何かに主体的に
働きかけることって、「失敗」が重要
だと思うんです。失敗って「できる／
できない」の話ではなく、他の人あ
るいは自分自身と意見をすり合わせ
ることで自分を更新できることだと
思っています。最初から一人でうま
くいくことはなくて、周りに働きか
けることで学んでいく部分もある。
たとえば、ゲームとかではお金を
払ったとしても失敗をするわけじゃ
ないですか。ゲームではそれを受け
入れて失敗を積み重ねて次につなげ
ていっているわけで、だからこそ成

立している領域もあるわけなんです
よね。ただ、展覧会では、鑑賞者が
失敗するという体験は基本的にない。
それが「受け手」のモードから抜け
出せない要因かもしれない。

水野：展覧会で失敗することがない。
確かに興味深い。何かを目覚めさせ
るというか、受容するという意味で、
失敗って一番重要なことなのに、展
覧会には失敗ができないフォームで
あるという。

田中：失敗という可能性がそもそも
考慮されていないし、入っていない。
「わからない」という反応は芸術に
とっては失敗ではなかったりするし、
「わからない」ことに自分を開いて
いける感受性を持つことはコンピ
テンシーのひとつだと思うけど、展
覧会がそれを引き出すには、これま
でのフォーマットでは十分ではない
ということかなと思います。

水野：展覧会というアートフォーム
の一方向性については、展覧会をつ
くるときにもたくさん議論しまし

299

たよね。ソーシャリー・エンゲイジド・アートやリレーショナル・アートの文脈をどう取り込んだり、超えていくかとか、展覧会をもっとインタラクションのある、動的なものにできないかっていう。でも、今でてきた失敗とか更新といった考え方からまた新しい可能性を考えていけるかもしれないと感じました。「ルール？展」もある意味で「失敗」した部分もあったけど、そのことにより新しい可能性をまた内包できたとも言えるのかもしれないですね。

菅：そうですね。今の段階では上手くいかなかったという記憶も新しいのでそちら側で考えてしまうこともあるんだけど、でもあらゆる取り組みは即効性ではなく遅効性で考えたいなと思っていて、今回の「ルール？展」でやった取り組みや紹介できた作品などは、きっと今はまだわからないけれど、未来への種が蒔かれたようなイメージがあって、10年後くらいに大小さまざまな芽が出てくるんじゃないかなと思ってます。あの展示があったからこの本もつくろうと思ったわけだし、きっとこの本に封じ込められた考えも、言葉で残して届けていくことで、長く広く少しずつ変わっていく方向になるんじゃないかなと希望を抱いておきたいですね。

（2023年1月17日・オンラインにて収録）

資料1　コロナ関連記事抜き出し

新型コロナウイルス発生から「ルール？」展開催日（2021年7月2日）までに起こった、ルールに関する報道

2020/1/14	ＷＨＯ 新型コロナウイルスを確認
2020/1/30	ＷＨＯ「国際的な緊急事態」を宣言
2020/1/30	新型肺炎 西武バスグループ 乗務員にマスク着用 義務づけ
2020/1/31	新型コロナウイルスによる感染症「指定感染症」に
2020/2/27	安倍首相 全国すべての小中高校に臨時休校要請の考え公表
2020/3/13	新型コロナウイルス対策の特措法 成立「緊急事態宣言」可能に
2020/3/13	新学期からの「学校再開ガイドライン」を公表 萩生田文科相
2020/3/24	東京五輪・パラリンピック 1年程度延期に
2020/3/24	専門家「『3つの密』を徹底的に避けて」
2020/4/1	首相　全国すべての世帯に布マスク2枚ずつ配布の方針表明
2020/4/7	7都府県に緊急事態宣言「人の接触 最低7割極力8割削減を」
2020/4/9	緊急事態宣言 休業や時間短縮で都と国に隔たり 都独自の要請も
2020/4/10	小池都知事 6つの業態 施設に休業要請 協力金支払いも
2020/4/11	安倍首相「夜の繁華街 接客伴う飲食店利用自粛を」全国対象に
2020/4/16	「緊急事態宣言」全国に拡大 13都道府県は「特定警戒都道府県」に
2020/4/21	濃厚接触者の定義変更「発症2日前 1メートル以内 15分以上」
2020/4/24	大阪府 吉村知事 営業継続パチンコ店の店名公表
2020/4/30	10万円一律給付などの補正予算 参院本会議で可決・成立
2020/5/20	夏の全国高校野球 戦後初の中止決定
2020/5/22	小池都知事「『新しい日常』が定着した社会を」
2020/5/25	緊急事態の解除宣言 約1ヵ月半ぶりに全国で解除
2020/6/2	初の「東京アラート」都民に警戒呼びかけ
2020/6/19	都道府県またぐ移動の自粛要請 全国で緩和
2020/7/22	「Go To トラベル」キャンペーン始まる
2020/7/29	菅官房長官 "ワーケーションは重要な施策" 新型コロナ
2020/08/03	小池都知事 酒提供の飲食店など営業夜10時まで 協力呼びかけ
2020/11/24	大阪府 コロナ重症者最多に 27日から飲食店の営業時間短縮要請
2020/12/15	GoTo トラベル全国一時停止へ 地域限定の対応から方針転換 政府

2021/1/7	菅首相 1都3県に緊急事態宣言
2021/2/2	「基本的対処方針」変更 外出や移動自粛「日中も含め」と明記
2021/2/12	雇用調整助成金 特例措置 感染拡大地域で少なくとも6月末まで継続
2021/4/1	「まん延防止等重点措置」時短要請など飲食の対策が中心
2021/4/10	政府「まん延防止」適用で"不要不急の移動 極力控えて"
2021/4/23	休業要請に応じた百貨店など 大型施設に協力金支給で調整
2021/4/25	新型コロナ きょうから3回目の"緊急事態宣言"4都府県が対象
2021/4/26	宣言中は無観客 大相撲夏場所 9日両国の国技館で初日
2021/4/30	"宣言"で中止催しに補助金増額へ 1公演2500万円上限 文科相
2021/5/10	プロ野球観客数 コミッショナー「収容人数の50%くらいで」
2021/5/11	国立文化施設 東京都が休館要請「対応協議したい」文科相
2021/5/12	テレワーク促進へ 中央省庁も実施状況など早期公表へ 官房長官
2021/5/18	東京都 休業要請応じた映画館 1スクリーン1日2万円の協力金
2021/5/18	「ワクチン休暇」制度の導入 企業の間で広がる
2021/5/24	全日空 新型コロナ ワクチン接種証明アプリの実証実験開始
2021/5/25	"入国後 連絡取れず"悪質な数人の氏名公表で最終調整 厚労省
2021/5/28	9都道府県の緊急事態宣言 来月20日まで延長を決定 政府
2021/5/30	延期の植樹祭きょう開催 天皇陛下は初めてリモートで式典に
2021/5/30	診療の手引きに在宅治療の手順を初掲載 厚生労働省
2021/6/4	五輪・パラ 来日首脳クラス一行の人数 最大40人まで認める方針
2021/6/17	飲食店の酒類提供 要件満たせば午後7時まで 知事判断で制限も
2021/6/18	東京などの緊急事態宣言 20日解除へ 感染抑え込めるか問われる
2021/6/21	東京五輪観客数の上限決定 収容定員の50%以内で1万人を原則に
2021/6/21	ワクチン職域接種 きょうから本格的に開始
2021/6/23	東京五輪 会場内での酒類販売見送り 飲酒も禁止 大会組織委
2021/6/23	郵便投票 外出自粛要請の新型コロナ患者も可能に 総務省が周知
2021/6/24	五輪プレーブック"メディア関係者らの規定見直しを"立民
2021/6/28	成田空港 入国の五輪パラ関係者レーン設け 一般と移動分ける
2021/7/1	ワクチンパスポート」7月下旬 発行開始の見通し 官房長官
2021/7/2	五輪 重点措置の扱い決まりしだい 一部「無観客」含め議論へ

出典：新型コロナ関連記事全記録 主要ニュース 時系列ニュース｜NHK
https://www3.nhk.or.jp/news/special/coronavirus/chronology/

資料2　法的視点からの考察&データで見る社会　(情報は2021年7月時点のもの)

● 法的視点からの考察　水野祐

法(律)は代表的なルールのひとつですが、ルールの全てではありません。本展覧会ではあえて取り扱うルールの幅を広く捉えていますが、ここでは、作品解説とは別に、日本の法律に基づいた法的な視点から、各作品の面白さ・魅力について考察してみています。作品の新しい見方や可能性を引き出すもの、法を含むルールの面白さを提示するものになっていれば幸いです。

編集：水野祐　菅俊一　田中みゆき

▶ データで見る社会　監修：吉川徹

本展覧会の各作品や展示では、現在の社会におけるルールなどが扱われています。東京そして日本全体、ときには世界と比較しながら、私たちが置かれている現状を知るために実際の調査データを添えています。社会を映し出したデータは、作品の見方だけでなく、展示を見終えた後の日常に続いています。
※国(地域)数が多いデータは、各データの1〜10位と日本を含む主要国(地域)、韓国、中国で構成しています。

※作品に制作年の記載のないものは、「ルール?展」での新作です。
(「ルール?展」において来場者に配布されたハンドアウト掲載の記事を転載)

《鑑賞のルール》
佐々木隼(オインクゲームズ)

● 法的視点からの考察

鑑賞という行為自体に対する規律や制約する法律は存在しない。しかし、写真・動画撮影はNG、走ってはいけないなど、その空間において鑑賞者に課されるさまざまなルールが鑑賞行為にとって制約的に働くことはある。これは、当該空間・場所における所有権または施設管理権という権利に基づき課されるものである。鑑賞という体験は、この所有権・施設管理権と、作家の表現の自由、鑑賞者の知る権利などの諸権利のバランスのうえで成立している。

出典：日本博物館協会「日本の博物館総合調査報告書」(2020) https://www.j-muse.or.jp/ をもとに作成

▶ データで見る社会
美術を専門とする館の約6割が独自の使命・目的を設定している。

「博物館の種別と使用・目的の設定」

館種	件数	独自の目的・使命を設定している割合(%)
総合	129	68.2
郷土	248	29.8
美術	497	57.1
歴史	1108	45.5
自然史	101	47.5

《21_21 to "one to one"》
早稲田大学吉村靖孝研究室(吉村靖孝　銅銀一真　楊光　黄珺堃　劉丁源　王丸舞子　倉品美沙)

● 法的視点からの考察

建築には多くの法令が関わっている。建築基準法はもちろん、消防法、都市計画法、バリアフリー法などの法律や、住宅であれば住宅品質確保促進法、建築安全条例、景観条例といった条例などである。一方で、素材や構造などに起因するプロトコル、モジュールなど、あるいは設計者による設計思想が、その建築の隠れたルールとして機能している。このようなルールの設計・設定も建築家・デザイナーのひとつの創造性にほかならない。

情報提供：安藤忠雄建築研究所(2021年6月時点)

▶ データで見る社会
多作で知られる建築家の安藤忠雄は、21_21 DESIGN SIGHTの他にも国内外で数多くの建築を手がけている。

安藤忠雄建築研究所がこれまでに設計した建物数(概算)

約360件

※そのうち美術館、博物館、文学館は約80件(計画中を含む)
※21_21 DESIGN SIGHTが設計されたのは約130番目

「ルールのつくられ方（法令の場合）」
企画構成：水野祐　菅俊一

● 法的視点からの考察
クローズドな「ロビイング」から、よりオープンな形で合意・政策形成を図る「パブリック・アフェアーズ」へ、という近年の潮流は、《のびしろ、おもしろっ。シビックテック》で扱っている「シビックテック」と同様に、一般市民がルール形成に関与できる可能性を広げるものとして注目される。また、法律が施行された後の評価・検証・見直しのプロセスについては日本ではまだまだ意識されることが少ないが、諸外国では、規制の費用対効果などを分析し、規制の仕分けを行う専門機関を設置している例や、1つの法律を成立させるためには2つの法律をなくさなければならないとする「ルールをつくるためのメタルール」を設けている例が存在する。

▶ データで見る社会
新しくつくられる法律の数は、
社会情勢の変化に合わせて増減しているわけではない。

法律の成立数

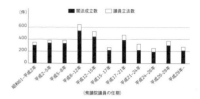

出典）国立国会図書館「衆議院議員の任期別法律の成立数」（2016）https://dl.ndl.go.jp/view/download/digidepo_10229024_po_079104.pdf?contentNo=1、内閣法制局「過去の法律案の提出・成立件数一覧」https://www.clb.go.jp/recent-laws/number/ をもとに作成
注）法律成立数は、閣会中審査を経て成立した法律を含む

「行列のルール」
企画構成：菅俊一　田中みゆき

● 法的視点からの考察
該当なし

▶ データで見る社会
ルールに厳格な国と寛容な国の違いは、
その国が経験した「脅威」の差により生まれる。

出典）M. Gelfhand (2018) Rule Makers, Rule Breakers: How Tight and Loose Cultures Wire Our World をもとに作成

各国のタイトさとルーズさの比較

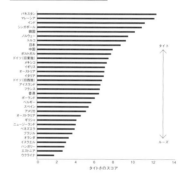

《あなたでなければ、誰が？》
ダニエル・ヴェッツェル（リミニ・プロトコル）　田中みゆき
小林恵吾（NoRA）×植村遥　萩原俊矢×N sketch Inc.

● 法的視点からの考察
民主主義のもとでは人間はみな平等であり、少数意見は尊重すべきとされる。しかし、多数決は少数意見を汲み取る手法ではなく、多数決と少数意見の尊重は本来、折り合わない。それでも、現在多くの国で採用されている立憲民主主義では、民主主義と多数決は不可分の関係にある（と考えられている）。多数決は票割れに弱く、民意を正確に反映できない等の弱点を多く指摘されているにもかかわらず、民主主義的手法として広く普及しているのはなぜか。多数決よりも優れた意思集約の方式はないのだろうか。

▶ データで見る社会
世界で最も幸福度が高いとされるフィンランド。その幸せは何で計られる?

世界幸福度ランキング

総合順位	国名	幸福度得点	総合順位	国名	幸福度得点
1	フィンランド	7.842	13	ドイツ	7.155
2	デンマーク	7.620	14	カナダ	7.103
3	スイス	7.571	17	イギリス	7.064
4	アイスランド	7.554	19	アメリカ	6.951
5	オランダ	7.464	21	フランス	6.690
6	ノルウェー	7.392	28	イタリア	6.483
7	スウェーデン	7.363	56	日本	5.940
8	ルクセンブルグ	7.324	62	韓国	5.845
9	ニュージーランド	7.277	84	中国	5.339
10	オーストリア	7.268			

出典）国連「World Hapiness Report 2021」https://worldhappiness.report/ をもとに作成

《ルール？》
田中みゆき　菅俊一　野村律子

●法的視点からの考察
障害者差別解消法や改正障害者雇用促進法により、障害のある人への「合理的配慮」が求められている。合理的配慮とは、「障害者が他の者と平等にすべての人権及び基本的自由を享有し、又は行使することを確保するための必要かつ適当な変更及び調整であって、特定の場合において必要とされるものであり、かつ、均衡を失した又は過度の負担を課さないものをいう」と定義されている（障害者権利条約）。ただし、事業者が民間か国や自治体かで法的拘束力は異なる。

出典）国土交通省「市町村別ユニバーサルデザイン化の整備状況」（2018）https://www.mlit.go.jp/road/road/traffic/bf/design_activities/をもとに作成
注）県庁所在地のある47都市で比較

《四角が行く》《ルールが見えない四角が行く》
石川将也＋nomena＋中路景暁

●法的視点からの考察
法を含むルールには、それが明文化されているか否かを問わず、適用される千差万別の具体的な事象に際して、不可避的に「解釈」が発生する。そのような解釈は、「ルールをどのように適用するか」についてはもちろん、「ルールをどのように読み取るか」という前提において、結論に大きな差分が生じる。これがルールの「余白」と言えるが、その解釈には、同様の事象を同じように判断・処理すべきとする論理的（法的）な安定性と、個別の事案における具体的妥当性のバランスをいかにとるか、が問われる。解釈とは、それらの相互作用のなかで動的に揺れ動く振り子のような営為に感じられるが、これは法律家だけでなく、誰もが日々無意識に行っていることなのだ。

「規制によって生まれる形」
企画構成：菅俊一　田中みゆき　水野祐

●法的視点からの考察
建築家レム・コールハースは、ニューヨークのゾーニング法を例に「法は法律文書であるばかりではない。それはまたデザインプロジェクトでもある」と書いている。都市・建築だけでなく、私たちの日常は、法を含むルールがプロダクトの造形やグラフィックにひそかに影響を与えている例に溢れている。ここでは、ドローンから航空法、電動キックボードから道路交通法及び道路運送車両法、ビール系飲料から酒税法、食品衛生法、（法律ではないが）「ビールの表示に関する公正競争規約」などを取り上げる。

▶データで見る社会
全国の主要都市の約半数において、駅から障害なく到達できる生活関連施設は約5割以下に留まっている。

駅からユニバーサルデザイン化された道路で連絡している生活関連施設の割合

▶データで見る社会
2012年の各国の高校1年生の問題解決能力の比較で日本は3位。

問題解決能力の平均得点と順位の範囲

総合順位	国名	平均得点	総合順位	国名	平均得点
1	シンガポール	562	9	オーストラリア	523
2	韓国	561	9	フィンランド	523
3	日本	552	11	イングランド	517
4	マカオ	540	13	フランス	511
4	香港	540	15	イタリア	510
6	上海	536	16	ドイツ	509
7	台湾	534	18	アメリカ	508
8	カナダ	526			

出典）国立教育政策研究所「OECD生徒の学習到達度調査」（2012）https://www.nier.go.jp/kokusai/pisa/index.htmlをもとに作成

▶データで見る社会
2020年前半の新型コロナの感染拡大に伴い、各国で輸出制限の動きが急速に広まった。

新型コロナ対策として導入された世界の貿易制限措置

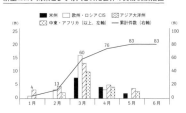

出典）WTO（世界貿易機関）、WCO（世界税関機構）、「ビジネス短信」（ジェトロ）https://www.jetro.go.jp/biz/areareports/special/2020/1001/9edd414bccc0bde4.htmlをもとに作成
注1）新型コロナとの関係が明らかな措置のみ計上　注2）2020年6月末までに解除されたものも累計件数に含む　注3）導入日が不明な措置は、WTOなどへの通報日で代替した

「鬼ごっこのルール」
企画構成：菅俊一　平瀬謙太朗

●法的視点からの考察
あるテレビ番組で、元サッカー日本代表監督ヴァイド・ハリルホジッチとイングランドのサッカーチーム「アーセナルFC」の元監督アーセン・ベンゲルが対談しており、サッカーのルールについて興味深い発言があった。「ペナルティエリア内でわざと倒れることは『イカサマ』ではなく、ルールを最大限自分寄りに活かすということだ。それは知性の証明であり、そうやってルールを最大限自分寄りに引っ張っていかないと、サッカーというスポーツの進化も止まってしまうんだ。」と。この話をスポーツだけでなく、遊びや法を含むルール全体の話として捉えてみると、どうだろうか？

▶データで見る社会
小学生と中学生に人気の遊びは、外遊びからスマートフォンやタブレット端末を使った遊びに変化している。

小中学生の遊びの内容

順位	小学生		中学生	
1	道具遊びや鬼ごっこ・かくれんぼ	51.2%	スマートフォン・携帯電話タブレット端末・パソコン	63.3%
2	ゲーム（家庭用）	44.8%	お買い物	41.0%
3	おもちゃで遊ぶ（ごっこ遊び・ままごと含む）	41.5%	娯楽施設（映画館、カラオケ、ゲームセンター、ボウリング場など）で遊ぶ	36.3%
4	球技（サッカー、バスケットボール、ドッジボールなど）	40.2%	ゲーム（携帯用）	35.0%
5	ゲーム（携帯用）	39.8%	ゲーム（家庭用）	30.7%

出典）株式会社バンダイ「小中学生の"遊び"に関する意識調査」（2018）https://www.bandai.co.jp/kodomo/をもとに作成

《滝ヶ原チキンビレジ》
早稲田大学吉村靖孝研究室

●法的視点からの考察
法を含む私たちの社会のルールは、自由意志（意思）や自律性をもった理性的な個人を前提とした人間中心主義でつくられているが、急激な環境・気候変動からも明らかなように、このような人間中心主義はもはや維持できない。動物にも「法」があり、それが人間のルールとどのように同じで、どのように違うのかを考えることは、人新世（アントロポセン）における法を含むルールのあり方を考えるうえで避けては通れないのではないだろうか。

出典）世界動物保護協会（2020）https://api.worldanimalprotection.org/をもとに作成
注1）ランクAの国は存在しない　注2）ランクBの国、および主要国と韓国、中国で構成

▶データで見る社会
日本では動物愛護管理法が2020年に改正されたが、主要国の中では最下位。

動物保護指数

ランク	国名
B	イギリス
B	オーストリア
B	オランダ
B	スイス
B	スウェーデン
B	デンマーク
C	イタリア

ランク	国名
C	ドイツ
C	フランス
D	アメリカ
D	カナダ
D	韓国
E	中国
E	日本

《京都人力交通案内「アナタの行き先、教えます。」》
NPO法人スウィング

●法的視点からの考察
路線（乗合）バスについては、道路運送法上の一般乗合旅客自動車運送事業に該当し、その交通案内を含む事業運営については旅客自動車運送事業運輸規則や国交省からの通達などで細かいルールが定められている。そのような領域において、「ヘンタイ記憶パフォーマンス」と銘打ち、対価を要求しない人力交通案内は、仕事ともボランティアとも言い難く、また、各地方自治体が定める迷惑防止条例において禁じられている執拗な客引き行為とも異なる形で（ギリギリ）成立している。

出典）国土交通省 観光庁「訪日外国人の消費動向」（2016年）https://www.mlit.go.jp/common/001179486.pdfをもとに作成

▶データで見る社会
訪日外国人の半数が無料Wi-Fiと交通手段の情報を求めている。

訪日外国人が日本滞在中にあると便利な情報

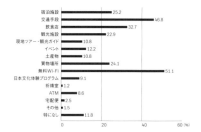

「企業が生むルール」
企画構成：菅俊一　田中みゆき　水野祐

●法的視点からの考察
「デジュール（de jure）」とはラテン語で「法律・規則上の」という意味で、法令はすべからくデジュール・スタンダードを志向しているとも言える。一方で、「デファクト（de facto）」は同じくラテン語で「事実上の」という意味で、その標準化までの流れは基本的に市場に委ねられるもの、企業がオープンソース、特許プール、FRANDなどの権利開放の仕組みを利用して戦略的に標準化を狙う例も増えている。

《訓練されていない素人のための振付コンセプト003.1（コロナ改変ver.）》
コンタクト・ゴンゾ

●法的視点からの考察
法律を含むルールは、対象に対して一律に適用される（押し付けられる）硬直的かつ暴力的な存在だが、ルールを一律に適用しても全員が同じように行動するわけではない。一方で、当事者間で生まれるボトムアップの合意形成は、それがあらかじめ押し付けられたものではない点で柔らかい。作家は本作品を販売しており、購入者は本作品を上演する権利を持つが、そのような作品の販売形式も、作品の可能性や解釈を広げるルールメイキングの試みとも言える。

出 典）A. Sorokowska et. al., (2017) "Preferred Interpersonal Distances: A Global Comparison", DOI:10.1177/0022022117698039. をもとに作成

《アイ・アム・ノット・フェミニスト！2017/2021》
遠藤麻衣

●法的視点からの考察
婚姻は「両性」の合意に基づいて成立し（憲法24条1項）、届出により効力が生じるとされている（民法739条1項）。また、当事者間に婚姻する意思がないときは、婚姻は無効となる（民法742条1号）。諸外国では、同性婚またはそれと類似する法的権利を認める法律や、性的指向・性自認を理由とした差別を禁止する法律、トランスジェンダーの性別変更を認める法律が整備されつつある。日本ではいずれも未整備だが、同性婚またはそれと類似する法的権利をめぐって現在訴訟が進行しているほか、同性カップルの関係を婚姻同等と承認し証明書を発行するパートナーシップ条例を導入する自治体も増えている。

▶データで見る社会
各種ISO認証数において中国が首位を独占している。

規格別 ISO認証数ランキング

順位	ISO 9001 （品質）		ISO 14001 （環境）		ISO/IEC 27001 （情報セキュリティ）		ISO 22000 （食品安全）		ISO 45001 （労働安全衛生）	
1	中国	280,386	中国	134,926	中国	8,356	中国	12,144	中国	10,213
2	イタリア	95,812	日本	18,026	日本	5,245	インド	2,050	イタリア	3,518
3	ドイツ	47,868	イタリア	17,386	イギリス	2,818	ギリシャ	2,042	イギリス	2,954
4	インド	34,397	スペイン	12,871	インド	2,309	日本	1,360	インド	2,812
5	日本	33,330	イギリス	11,420	イタリア	1,390	イタリア	1,008	スペイン	1,184

出典）ISO（国際標準化機構）「ISO SURVEY 2019」https://www.iso.org/the-iso-survey.html をもとに作成

▶データで見る社会
心地よい他者との距離感（パーソナル・スペース）は国や文化の違いによって異なる。

国別のパーソナル・スペース

出 典）A. Sorokowska et. al., (2017) "Preferred Interpersonal Distances: A Global Comparison", DOI:10.1177/0022022117698039. をもとに作成

▶データで見る社会
日本の男女格差は156カ国中120位、主要国の中では最下位。

男女格差（ジェンダーギャップ）指数ランキング

総合順位	国名	スコア	総合順位	国名	スコア
1	アイスランド	0.892	11	ドイツ	0.796
2	フィンランド	0.861	16	フランス	0.784
3	ノルウェー	0.849	23	イギリス	0.775
4	ニュージーランド	0.840	24	カナダ	0.772
5	スウェーデン	0.823	30	アメリカ	0.763
6	ナミビア	0.809	63	イタリア	0.721
7	ルワンダ	0.805	102	韓国	0.687
8	リトアニア	0.804	107	中国	0.682
9	アイルランド	0.800	120	日本	0.656
10	スイス	0.798			

出 典）World Economic Forum「Global Gender Gap Report 2021」https://www.weforum.org/reports をもとに作成

《葛宇路》(2017年)
葛宇路(グゥ・ユゥルゥ)

●法的視点からの考察
独自に制作した道路標識を設置することは、日本の公道においては道路法に基づく占用許可が必要になる(私道であれば所有権者が承諾していれば問題ない)。日本の道路名は、道路法に基づくもの、都市計画法に基づくものなどが存在するが、各自治体が主要な国道などに「○○街道」「○○通り」などのわかりやすく親しみやすい「通称道路名」を設定している。場合によっては、有識者による「通称道路名検討委員会」を設置し、検討することもある。また、そもそも「道路」の定義が、道路法、道路交通法、建築基準法、土地改良法、森林法などの各法令で異なることもある。

▶データで見る社会
内堀通りに始まり、東京都が設定した通称道路は都内に171存在する。

東京都の通称道路名(主なものを抜粋)

内堀通り(うちぼりどおり)	青梅街道(おうめかいどう)	世田谷通り(せたがやどおり)
外堀通り(そとぼりどおり)	目白通り(めじろどおり)	駒沢通り(こまざわどおり)
明治通り(めいじどおり)	春日通り(かすがどおり)	井ノ頭通り(いのかしらどおり)
山手通り(やまてどおり)	川越街道(かわごえかいどう)	中野通り(なかのどおり)
第一京浜(だいいちけいひん)	白山通り(はくさんどおり)	五日市街道(いつかいちかいどう)
中央通り(ちゅうおうどおり)	中仙道(なかせんどう)	早稲田通り(わせだどおり)
浅草通り(あさくさどおり)	本郷通り(ほんごうどおり)	大久保通り(おおくぼどおり)
桜田通り(さくらだどおり)	昭和通り(しょうわどおり)	不忍通り(しのばずどおり)
第二京浜(だいにけいひん)	日光街道(にっこうかいどう)	言問通り(ことといどおり)
中原街道(なかはらかいどう)	江戸通り(えどどおり)	清澄通り(きよすみどおり)
目黒通り(めぐろどおり)	水戸街道(みとかいどう)	永代通り(えいたいどおり)
青山通り(あおやまどおり)	京葉道路(けいようどうろ)	新大橋通り(しんおおはしどおり)

「のびしろ、おもしろっ。シビックテック」
一般社団法人コード・フォー・ジャパン

●法的視点からの考察
代表民主制のもとで、政府の政策に私たち市民が意見できる制度としてパブリックコメント(意見公募手続)制度がある。これは、政府の政策に対して広く意見を募ることにより、行政運営の公正性・透明性を確保するためのもので、行政手続法に定められている。しかし、このパブコメ制度が十分に機能しているとは言い難い。代表制や多数決による意思集約にいかに少数意見を反映させていくかは民主主義の重要課題であるが、シビックテックはそのひとつの解決策になり得る。実際に、2021年に新設されたデジタル庁では、シビックテックを活用した「デジタル改革アイデアボックス」がすでに稼働している。

▶データで見る社会
IT競争力は次世代の教育に強い北欧とシンガポールが上位を占め、日本は15位。

IT競争力ランキング

総合順位	国名	単位:pts	総合順位	国名	単位:pts
1	スウェーデン	82.75	9	ドイツ	77.48
2	デンマーク	82.19	10	イギリス	76.27
3	シンガポール	81.39	13	カナダ	74.92
4	オランダ	81.37	14	韓国	74.60
5	スイス	80.41	15	日本	73.54
6	フィンランド	80.16	17	フランス	73.18
7	ノルウェー	79.39	32	イタリア	63.69
8	アメリカ	78.91	40	中国	58.44

「ルールがつくる文化」
企画構成:水野祐　田中みゆき

●法的視点からの考察
「真鶴町まちづくり条例『美の基準』」は、「心地よい」と感じる環境(都市空間、建築物)のパタンを分析・再構築する、クリストファー・アレグザンダーの「パタン・ランゲージ」を都市計画や条例に適用しようとした画期的な試みである。だが、その背後には、地域ごとの特色をもった「独自条例」はどこまで可能かという、法律と条例をめぐる緊張関係が横たわっている。「LEGAL SHUTTER TOKYO」は、合法的な壁画「Legal Wall」の考え方を街のシャッターに適用し、許諾のシステムを仕組み化したものだが、建造物・器物損壊といった刑法、そして所有権侵害という民法のルールを、個人間の許諾によってオーバーライド(上書き)する仕組みと言える。また、短期的・ゲリラ的で、実験性を内包したまちづくり・都市計画の手法という観点からは、「タクティカル・アーバニズム」の試みとしても評価できるだろう。

▶データで見る社会
日本における1商店街あたりの平均空き店舗率は10.4%。

1商店街あたりの平均店舗数、空き店舗数・割合

1商店街あたりの平均店舗数	40.4店
1商店街あたりの平均空き店舗数	4.2店
1商店街あたりの平均空き店舗率	10.4%

《自分の所有物を街で購入する》（2011年）
丹羽良徳

●法的視点からの考察
本来、店舗と顧客との間の売買契約の成立をもって、店舗に帰属していた商品の所有権が顧客に移転する。しかし、本作品においては、商品の所有権が顧客に帰属するため、そもそも売買契約は成立せず、所有権も移転することはない。店舗が受領した金銭は法律上原因がない利益として「不当利得」（民法703条）となるが、支払った者は債務の不存在を知ったうえで弁済した者として、その返還を請求することはできない（民法705条）。なお、本作品の行為を繰り返し行うなどをして店舗の業務を妨害した場合、偽計業務妨害罪（刑法233条）が成立する可能性がある。

《踏む厚み》
高野ユリカ＋山川陸

●法的視点からの考察
都市や街の開発は、都市計画法や都市再開発法といった法律に従って行われる。例えば、本展覧会場である東京ミッドタウンは、防衛庁本庁が六本木から現在の市ヶ谷に移転（2000年）したことから生まれた防衛庁跡地と港区立檜町公園を含めたエリアに、都市計画法上の再開発地区計画が定められ、実現したものである。この都市計画決定により建築基準法の諸規制（用途、容積率、高さなど）が一部緩和されることで、オフィス、住宅、ホテル、商業・文化交流施設などの多用途の複合施設が可能となり、更に檜町公園と一体となった大規模なオープンスペース整備も実現した。一方で、旧毛利藩屋敷跡の石組溝の一部を擁壁として活用したり、旧防衛庁時代からの既存樹木約140本を引き継ぐなど、土地の記憶を留めながら都市景観や市街地環境にも配慮している。

《D.E.A.D. Digital Employment After Death》（2020年）
Whatever Co.

●法的視点からの考察
人が死亡した場合、所有権などの財産的な権利は相続されるが、肖像権やプライバシーといった人格的な権利は相続されない。民法は被相続人（死亡者）の「一身に専属したもの」は相続されないと定めている（民法896条但書）。人格は生存しているからこそ発生するものであり、死後には観念できないからだ。人格権に近いものを死後にも保護する裁判例や法律を持つ国もあるが、現状、遺族の権利として認められているのがほとんどである。ただ、それだけで十分なのか。死後のルールメイキングに関する議論が始まりつつある。

▶データで見る社会
世界各国のビッグマックの価格には最高575円もの開きがある。

世界のビッグマック価格ランキング

総合順位	国名	価格（円）	総合順位	国名	価格（円）
1	スイス	760	8	オーストラリア	520
2	スウェーデン	665	9	デンマーク	511
3	ノルウェー	635	10	ニュージーランド	508
4	アメリカ	590	12	イギリス	463
5	イスラエル	558	16	韓国	428
6	カナダ	551	25	日本	390
7	ユーロ圏	539	33	中国	361

出典) The Economist – The Big Mac index (2021) https://www.economist.com/big-mac-index をもとに作成
注) 2021年1月時点のデータ（1ドル=104.30円）

▶データで見る社会
各国GDPにおいて各都市圏のGDPが占める割合を比較すると、ソウルに次いで東京（1都3県）が高くなる。

主要都市圏のGDPが各国全体のGDPに占める割合

出典) 国土交通省「各国の主要都市への集中の現状」（2019）https://www.mlit.go.jp/kokudoseisaku/content/001319312.pdf OECD.Statをもとに国土交通省が作成、東京は1都3県、ロンドンはグレーターロンドン、パリはイル・ド・フランス、ミュンヘンはバイエルン州、ソウルは京畿道、仁川広域市を含む都市圏、ニューヨークは、ニューアーク、ジャージーシティ等の一部を含んだニューヨーク都市圏。GDPについては購買力平価・ドルベースを使用

▶データで見る社会
人知れず亡くなる高齢者の孤立死は約20年で2倍に増えている。

孤立（孤独）死数の経年変化

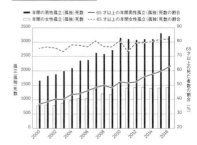

出典) 金涌佳雅（2018）「孤立（孤独）死とその実態」https://doi.org/10.1272/manms.14.100.をもとに作成（一部改編）

「群れを生むルール」
企画構成：菅俊一　平瀬謙太朗　木村優作

● 法的視点からの考察
該当なし

▶ データで見る社会
AIを使ったデータ収集・解析を導入している、
または導入予定がある企業は2割を超えている。

IoT・AI等によるデジタルデータの収集・利活用状況（企業）

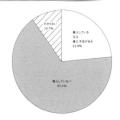

出典）総務省「通信利用動向調査」（2020）https://www.soumu.go.jp/johotsusintokei/
statistics/

《ひとりの髪を9人の美容師が切る（二度目の試み）》（2010年）
田中功起

● 法的視点からの考察
ルールの設計・実装・更新を、オープンかつ多様な参加者で
ボトムアップに行うことは「言うは易し、行うは難し」。例え
ば、法令の設計・実装・更新は国会というオープンの場で行
われている建前になっているが、実際は法改正を含む立法
過程はごく限られた関係者により密室的に進行していくこと
がほとんどである。また、そこでは声の大きい者の意見が通
りやすい。社会包摂的な立法・ルールメイキング、ルールの
インクルーシブ・デザインはいかにして可能なのだろうか。

▶ データで見る社会
仕事における協働スキルは国により大きな差がある。

各国の仕事における協働スキル

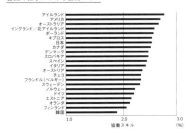

出典）OECD（経済協力開発機構）「国際成人力調査（PIAAC）」（2013）https://www.nier.
go.jp/04_kenkyu_annai/div03-shogai-piaac-chart.htmlをもとに作成

《支払いのルール》
企画構成：菅俊一

● 法的視点からの考察
現金以外の支払いに関する法律としては、クレジットカード
の支払いについては割賦販売法、電子決済・ポイントサー
ビスについては銀行法、資金決済法、金融商品取引法など
のさまざまな金融に関する法律が関わる。特に、電子決済
は「FinTech」や「キャッシュレス社会」の流れを受けて、
近年大きくルールが変わった領域である。これらに加えて、
カード会社や各種ペイメントサービスを提供する利用規約
（約款、契約）が重要な役割を果たしている。

▶ データで見る社会
最近日本で普及しつつあるキャッシュレスは、国際的にはまだまだ遅
れている。

世界主要国におけるキャッシュレス決済状況

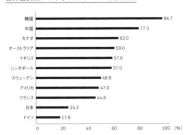

出典）一般社団法人キャッシュレス推進協議会「キャッシュレス・ロードマップ 2021」https://www.
paymentsjapan.or.jp/publications/reports/roadmap/　世 界 銀 行「Household final
consumption expenditure（2018年（2021/2/17版））」、BIS「Redbook」の非現金手段による
年間支出金額から算出し、一般社団法人キャッシュレス推進協議会が作成
注）中国に関しては、Euromonitor International より参考値として記載

謝辞

　本書の企画は、本書の共著者である3人が展覧会ディレクターを務めた21_21 DESIGN SIGHTで開催された「ルール？展」開幕後の2021年8月から開始しました。展覧会の図録・カタログという形ではなく、展覧会の開催中にディレクターが考えてきた思考を反映したもので、かつ、展覧会ではなく書籍というフォーマットにアップデートした形を目指しました。

　しかし、本書でも触れている通り、本書の内容は、ルールが扱うすべての領域やルールを軸に語りうる実践をあまねくカバーしているわけではありません。本書が、読者の皆さんがご自身が活動される領域で創造的にルールをつくったり、使ったり、見直したり、更新したりする後押しとなれたら、それ以上に嬉しいことはありません。

　「ルール？展」を主催し、本書の制作にも最大限のご協力をいただいた21_21 DESIGN SIGHT、「ルール？展」に出品され、本書にも作品の画像等の利用を許諾いただいた作家（石川将也＋nomena＋中路景暁、ダニエル・ヴェッツェル（リミニ・プロトコル）＋小林恵吾（NoRA）×植村遥＋萩原俊矢×N sketch Inc.、遠藤麻衣、葛宇路（グゥ・ユルー）、高野ユリカ＋山川陸、一般社団法人コード・フォー・ジャパン、コンタクト・ゴンゾ、佐々木隼（オインクゲームズ）、NPO法人スウィング、田中功起、丹羽良徳、野村律子、早稲田大学吉村靖孝研究室、Whatever Co.）の皆様、「ルール？展」オンラインドキュメント（https://www.2121designsight.jp/downloads/

rule/document_ja.pdf）を作成した奥田透也さん、展覧会の記録撮影を行った吉村昌也さん、展覧会の記録動画データをご提供いただいた西野正将さん、本書に画像提供のご協力をいただいた江上賢一郎さん、CANOPUS、真鶴町、真鶴出版、LEGAL SHUTTER TOKYOの皆様、「データで見る社会」を監修していただいた吉田徹さん、「入門編」でイラストを描いてくださった荒牧悠さん、本書に素晴らしい論稿のご寄稿いただいた寄稿者の宇野重規さん、清水晶子さん、小田原のどかさん、細馬宏通さん、会田大也さん、木ノ戸昌幸さんの皆様に感謝いたします。

　また、本書の企画にいち早く賛同し、編集を担当してくれたフィルムアート社の薮崎今日子さん、「ルール？展」に引き続き、装丁・デザインを担当してくれたUMA/design farmの原田祐馬さん、山副佳祐さんの多大な貢献がなければ、本書は生まれなかったでしょう。ありがとうございました。

　上梓までにお時間いただいてしまったことにお詫びいたしますとともに、本書を完成させる過程でご支援、ご協力、ご尽力賜りましたすべての方々に心から感謝いたします。

2024年2月27日
著者一同

「ルール?展」 展示作品クレジット

*1 「　」は作家及びディレクターにより企画構成された
展示名、《　》は作家によって制作された作品名を表す。
*2 本書掲載項目タイトルと「ルール?展」での展示タイトルが一部異なるものもある。その場合は本頁内では展覧会でのタイトルを表記し、（　）内に本書内でのタイトルを併記する。

P. 094　「ルールのつくられ方（法令の場合）」
企画構成：水野祐、菅俊一

P. 122　「企業が生むルール」（企業が生むルール（規格））
企画構成：菅俊一、田中みゆき、水野祐
企画協力：平瀬謙太朗
協力：オルファ株式会社、株式会社デンソーウェーブ、
株式会社PFU

P. 126　「ルールがつくる文化（真鶴町）まちづくり条例『美の基準』」（真鶴町「美の基準」（まちづくり条例））
企画構成：水野祐、田中みゆき
協力：真鶴町、真鶴出版

P. 140　《ルール?》2021年
企画：田中みゆき、菅俊一
監督・編集・CG：野村律子
出演：秋吉昭良、奥村泰人、白井崇陽、那須映里、ライラ・カセム
ナレーション：マクマスター・グレッグ、岡本昇
撮影：バルトロ・アレクサンドル
制作進行：王靖
手話通訳：角田麻里、小松智美
手話監修：小林信恵
協力：異言語Lab.
上映時間：約14分
令和2年度戦略的芸術文化創造推進事業「文化庁芸術収益力強化事業」、バリアフリー型の動画配信プラットフォーム事業
株式会社precog/THEATRE for ALL

P. 148　《D.E.A.D.（Digital Employment After Death）》2020年
Whatever Co.
上映時間：約2分
https://dead.work/

P. 150　「規制によって生まれる形」（規制によって生まれる製品・サービス）
企画構成：菅俊一、田中みゆき、水野祐
企画協力：平瀬謙太朗
協力：SWALLOW合同会社、DJI JAPAN株式会社、

株式会社ブレイズ、株式会社Luup

P. 154　《鑑賞のルール》
企画・制作：佐々木隼（オインクゲームズ）
協力：シヤチハタ株式会社

P. 156　「群れを生むルール」
企画構成：菅俊一、平瀬謙太朗、木村優作
企画協力：青木そのか
プログラミング：木村優作、諸葛勇太
デザイン：平瀬謙太朗、青木そのか
制作：CANOPUS
協力：ゲッティイメージズジャパン株式会社
上映時間：約2分

P. 158　《四角が行く》《ルールが見えない四角が行く》
2021年
石川将也＋nomena（武井祥平、杉原寛、キャンベル・アルジェンジオ）＋中路景暁
共同制作：nomena（江川主民、井上泰一、前川和純、藤井樹里、園部莉菜子）
ロゴデザイン：言乃田埃
英題：エリザベス・コール
写真：飯本貴子
協力：Blackmagic Design

P. 162　「行列のルール」
企画構成：菅俊一、田中みゆき
テクニカルディレクション：萩原俊矢
インタラクションデザイン：関根雅人（N sketch Inc.）
テクニカルアーティスト：清水快（N sketch Inc.）
ソフトウェアエンジニア：湯本遼（N sketch Inc.）

P. 164　《踏む厚み》2021年
高野ユリカ＋山川陸

P. 170　《訓練されていない素人のための振付コンセプト003.1（コロナ改変ver.）》2021年
コンタクト・ゴンゾ

P. 176　《21_21 to "one to one"》2021年
早稲田大学吉村靖孝研究室（吉村靖孝、銅銀一真、楊光、黄玥塋、劉丁源、王丸舞子、倉品美沙）
協力：株式会社日建設計、株式会社竹中工務店、東京ミッドタウンマネジメント株式会社

P. 182　《アイ・アム・ノット・フェミニスト！ 2017
/2021》2021年
遠藤麻衣
出演：遠藤麻衣、森栄喜

撮影：藤川琢史。小柳多央
翻訳：松山直希
協力：ゲーテ・インスティトゥート東京
上映時間：約45分

P.190 《滝ヶ原チキンビレジ》
早稲田大学吉村靖孝研究室
マスタープラン：早稲田大学吉村靖孝研究室
個室群鶏舎設計：河野茉莉子＋早稲田大学吉村靖孝研究室
傾斜鶏舎設計：楊光＋早稲田大学吉村靖孝研究室
事業主：黒崎輝男（流石創造集団）
施工指導：堀之内司（流石創造集団）、田中健吾
施工：河野茉莉子※、楊光、銅銀一真、李若、江尻悠介※、房卓冉※、吉村靖孝（早稲田大学吉村靖孝研究室、※＝卒業生）

P.192 《京都人力交通案内「アナタの行き先、教えます。」》
NPO法人スウィング
映像撮影・編集：片山達貴
上映時間：約23分

P.198 《あなたでなければ、誰が？》2021年
ダニエル・ヴェッツェル（リミニ・プロトコル）、田中みゆき、小林恵吾（NoRA）×植村遥、萩原俊矢×N sketch Inc.
テキスト／サウンド：ダニエル・ヴェッツェル（リミニ・プロトコル）
プロデューサー／テキスト：田中みゆき
空間構成：小林恵吾、植村遥
テクニカルディレクション：萩原俊矢
システムプログラミング：藤波秀麿（N sketch Inc.）
インタラクションデザイン：関根雅人（N sketch Inc.）
テクニカルアーティスト：清水快（N sketch Inc.）
ソフトウェアエンジニア：湯本遼（N sketch Inc.）
モーショングラフィックス：室井健（N sketch Inc.）
テクニカルアドバイザー・機材協力：ルフトツーク
グラフィックデザイン：UMA/design farm
統計アドバイザー：中村和幸（明治大学）
翻訳：山田カイル
制作：戸田史子
協賛：株式会社precog／THEATRE for ALL
協力：早稲田大学小林恵吾研究室
撮影：吉村昌也
体験時間：約15分

P.202 《ひとりの髪を9人の美容師が切る（二度目の試み）》2010年
田中功起
photo courtesy of the artist, Vitamin Creative Space, Guangzhou and Aoyama Meguro, Tokyo

Project title: A Haircut by 9 Hairdressers at Once (Second Attempt)
Year: 2010
Format: Collaboration, video documentation (28 min)
Location: Zindagi Salon, San Francisco
Curator: Julio Cesar Morales
Commissioned by Yerba Buena Center for the Arts, San Francisco
Production photography: Tomo Saito
Participants: Victor A. Camarillo, Kristie Hansen, Nikki Mirsaeid, Olga Mybovalova, Sandra Osorio, Anthony Pullen, Brian Vu, Nicole Korth, Erik Webb, Karen Yee

P.206 「鬼ごっこのルール」
企画構成：菅俊一、平瀬謙太朗
企画協力：青木そのか
デザイン：平瀬謙太朗、青木そのか
制作：CANOPUS
監修：平峯佑志（一般社団法人鬼ごっこ協会）

P.212 《葛宇路》2017年
葛宇路（グウ・ユルー）
上映時間：各約3分

P.214 「デジタル民主主義プラットフォーム《のびしろ、おもしろっ。シビックテック》」（デジタル民主主義プラットフォーム）
一般社団法人コード・フォー・ジャパン
映像：山崎周人、AIBONNE、田中暢、MaySoMusician（渡邊響）
グラフィックデザイン：AIBONNE、大竹沙織、田中暢、武真真末、水野真子
オンラインシステム設計：奥田透也
協力：Code for Japan コントリビューター
上映時間：各約3分

P.216 「ルールがつくる文化（LEGAL SHUTTER TOKYO）」（LEGAL SHUTTER TOKYO）
企画構成：水野祐、田中みゆき
協力：LEGAL SHUTTER TOKYO
映像：播本和宜

P.218 《自分の所有物を街で購入する》2011年
丹羽良徳
上映時間：約10分、約6分、約7分
プロダクションスティル撮影：中堀徹
ビデオスティル撮影：日高真理子

主要参考文献

＊〈入門編〉は原稿内該当ページに記載

〈実践編〉
●企業が生むルール（規格）
花王株式会社「シャンプーのきざみに込められた思い」
https://www.kao.com/jp/corporate/sustainability/
topics-you-care-about/universal-design/shampoo-
notches/（2024年3月27日アクセス）
小川進『QRコードの奇跡——モノづくり集団の発想転
換が革新を生んだ』東洋経済新報社、2020年
安岡孝一、安岡素子『キーボード配列QWERTYの謎』
NTT出版、2008年
オルファ株式会社　https://www.olfa.co.jp/（2024
年3月27日アクセス）

●真鶴町「美の基準」（まちづくり条例）
『真鶴町まちづくり条例　美の基準　デザインコード』
真鶴町、1992年

●『独立国家のつくりかた』
坂口恭平『独立国家のつくりかた』講談社現代新書、
2012年

●「コロガル公園」シリーズ
青木淳『原っぱと遊園地——建築にとってその場の質と
は何か』王国社、2004年

●任天堂ゲーム実況ガイドライン
任天堂公式サイト　https://www.nintendo.co.jp/
networkservice_guideline/ja/index.html（2024年
3月27日アクセス）

●Netflix "No Rules" Rules
リード・ヘイスティングス、エリン・メイヤー『NO
RULES——世界一「自由」な会社、NETFLIX』土方
奈美訳、日本経済新聞出版、2020年

●東京駅の空中権売買
「東京駅上空は500億円　復元資金を稼いだ空中権と
は」『日本経済新聞』（2012年10月12日）https://www.

nikkei.com/article/DGXNASDJ0901C_Q2A011C1
000000/（2024年3月27日アクセス）

●カーボンプライシング
環境省「地球環境・国際環境協力／カーボンプライ
シング」　https://www.env.go.jp/earth/ondanka/cp/
（2024年3月27日アクセス）
「カーボンプライシングとは？　海外と日本の動向、課
題を解説」『朝日新聞SDGs Action!』（2022年6月23
日）https://www.asahi.com/sdgs/article/14650075
（2024年3月27日アクセス）

●規制によって生まれる製品・サービス
国土交通省「無人航空機（ドローン・ラジコン機等）の
飛行ルール」　https://www.mlit.go.jp/koku/koku_
tk10_000003.html（2024年3月27日アクセス）
国土交通省「特定小型原動機付自転車について」
https://www.mlit.go.jp/jidosha/jidosha_fr7_000058.
html（2024年3月27日アクセス）
警視庁「特定小型原動機付自転車（電動キックボード等）
に関する交通ルールについて」　https://www.
keishicho.metro.tokyo.lg.jp/kotsu/jikoboshi/electric_
mobility/electric_kickboard.html（2024年3月27日
アクセス）
SWALLOW「電動キックボード法改正の特設解説ペー
ジ」　https://swallow-scooter.com/pages/special-
page-about-new-escooter-law（2024年3月27日
アクセス）

●群れを生むルール
Craig Reynolds "Boids" https://www.red3d.com/
cwr/boids/（2024年3月27日アクセス）

●取扱説明書のいろいろな形
SONY「声の取扱説明書」　https://www.sony.jp/Ser
viceArea/Voice/（2024年3月27日アクセス）
IKEA「RÅSKOG」組立説明書　https://www.ikea.
com/jp/ja/assembly_instructions/raskog-trolley-
white__AA-2134811-1-1.pdf（2024年3月27日アク
セス）

●『サイバーパンク2077』エンドユーザーライセンス同意書
『サイバーパンク2077』公式サイト　https://www.cyberpunk.net/ja/user-agreement/（2024年3月27日アクセス）

●オウテカ『Anti EP』
Autechre, *Anti EP*（Warp Records, 1994）https://www.discogs.com/release/157-Autechre-Anti-EP（2024年3月27日アクセス）

●校則をつくる・変更する
「全国校則一覧」https://www.kousoku.org/（2024年3月27日アクセス）

●遠藤麻衣《アイ・アム・ノット・フェミニスト! 2017/2021》
公益社団法人Marriage for All Japan – 結婚の自由をすべての人に「世界の同性婚」　https://www.marriageforall.jp/marriage-equality/world/（2024年3月27日アクセス）
「同性婚認めないのは憲法違反 札幌高裁 2審での違憲判断は初」NHK NEWS WEB（2024年3月14日）https://www3.nhk.or.jp/news/html/20240314/k10014390391000.html（2024年3月27日アクセス）

●エル・ブジ
フェラン・アドリア、アルベルト・アドリア、ジュリ・ソレル『エル・ブリの一日──アイデア、創作メソッド、創造性の秘密』清宮真理、小松伸子、斎藤唯、武部好子訳、ファイドン、2009年

●「100,000年後の安全」
「東日本大震災10年　秘話（1）復興事業　かさ上げ、歯止めなく…陸前高田」『読売新聞オンライン』（2021年1月10日）https://www.yomiuri.co.jp/shinsai311/feature/20210109-OYT1T50224/（2024年3月27日アクセス）
未来世代法日本版プロジェクト　https://futuregenerations.jp/futuregenerations/（2024年3月27日アクセス）

●排除アートに対抗するベンチ
五十嵐太郎『誰のための排除アート?──不寛容と自己責任論』岩波書店、2022年
松川希実「「排除ベンチ」抵抗した制作者が突起に仕込んだ「せめてもの思い」」『withnews』（2021年7月13日）　https://withnews.jp/article/f0210713003qq000000000000000W08k10201qq000023319A（2024年3月27日アクセス）

●田中功起《ひとりの髪を9人の美容師が切る（二度目の試み）》
田中功起《ひとりの髪を九人の美容師が切る（二度目の試み）日本語字幕版　https://vimeo.com/ondemand/9hairdressers（2024年3月27日アクセス）

●コロナ禍における道路占用許可基準の緩和
国土交通省ホームページ　https://www.mlit.go.jp/road/sisaku/senyo/covid/01.pdf（2023年1月24日アクセス不可）

●葛宇路（グゥ・ユルー）《葛宇路》
Stephanie Bailey (interview) "Ge Yulu: Cutting In—Dances with the State and the Collective." *Art Papers* https://www.artpapers.org/ge-yulu-cutting-in-dances-with-the-state-and-the-collective/（2024年3月27日アクセス）

●『DEATH STRANDING』
「小島秀夫氏ロングインタビュー　模索する新しい『つながり』」『日経クロストレンド』（2022年7月27日）https://xtrend.nikkei.com/atcl/contents/casestudy/00012/00957/（2024年3月27日アクセス）

●「弱いロボット」
岡田美智男『弱いロボット』医学書院、2012年

展覧会クレジット

本書は、以下の展覧会に関連して出版されました。

21_21 DESIGN SIGHT企画展「ルール？展」

会期：2021年7月2日（金）–11月28日（日）
会場：21_21 DESIGN SIGHT ギャラリー1＆2

主催：21_21 DESIGN SIGHT、公益財団法人 三宅一生デザイン文化財団
後援：文化庁、経済産業省、港区教育委員会
特別協賛：三井不動産株式会社
展覧会ディレクターチーム：水野祐、菅俊一、田中みゆき
グラフィックデザイン：UMA/design farm
会場構成：dot architects
オンライン体験設計：奥田透也
参加作家：石川将也＋nomena＋中路景暁、ダニエル・ヴェッツェル（リミニ・プロトコル）＋田中みゆき＋小林恵吾（NoRA）×植村遥＋萩原俊矢×N sketch Inc.、遠藤麻衣、葛宇路（グゥ・ユルー）、高野ユリカ＋山川陸、一般社団法人コード・フォー・ジャパン、コンタクト・ゴンゾ、佐々木隼（オインクゲームズ）、NPO法人スウィング、田中功起、丹羽良徳、野村律子、早稲田大学吉村靖孝研究室、Whatever Co.
21_21 DESIGN SIGHT担当：石井潤美（企画）、吉田あさぎ（施工）、田代未来子（広報）
21_21 DESIGN SIGHT ディレクター：三宅一生、佐藤卓、深澤直人
アソシエイトディレクター：川上典李子
プログラム・ディレクター：前村達也

菅俊一（すげ・しゅんいち）

コグニティブデザイナー、多摩美術大学統合デザイン学科准教授。認知的手がかりの設計による行動や意志の領域のデザインを専門としており、近年は顔図版による視線を用いた誘導体験や人間の創造性を引き出すための制約のデザインについての探求を行なっている。主な仕事に、NHK Eテレ「2355/0655」ID映像、21_21 DESIGN SIGHT 企画展「単位展」コンセプトリサーチ、同「アスリート展」展覧会ディレクター。著書に『行動経済学まんが ヘンテコノミクス』（共著・マガジンハウス）、『観察の練習』（NUMABOOKS）。主な展覧会に「あいちトリエンナーレ2019」（愛知県美術館、2019）、「指向性の原理」（SOBO、東京、2017）、「正しくは、想像するしかない。」（デザインギャラリー1953、東京、2019）、「視線の設計」（多摩美術大学TUB、東京、2023）。

田中みゆき（たなか・みゆき）

キュレーター、プロデューサー。「障害は世界を捉え直す視点」をテーマにカテゴリーにとらわれないプロジェクトを企画。表現の見方や捉え方を障害のある人たち含む鑑賞者とともに再考する。近年の仕事に『音で観るダンスのワークインプログレス』（KAAT神奈川芸術劇場ほか、2017–）、展覧会「語りの複数性」（東京都渋谷公園通りギャラリー、2021）、「オーディオゲームセンター」（2017-）など。アジアン・カルチュラル・カウンシルの助成を得て、2022年ニューヨーク大学障害学センター客員研究員。美術評論家連盟会員。

水野祐（みずの・たすく）

法律家。弁護士（シティライツ法律事務所、東京弁護士会）。Creative Commons Japan理事。Arts and Law理事。グッドデザイン賞審査委員。慶應義塾大学SFC非常勤講師。note株式会社などの社外役員。著書に『法のデザイン──創造性とイノベーションは法によって加速する』（フィルムアート社）、連載に「新しい社会契約（あるいはそれに代わる何か）」（『WIRED』日本版）など。

ルール？本

創造的に生きるためのデザイン

2024年5月20日　　初版発行
2024年10月10日　　第2刷

著者　　　菅俊一・田中みゆき・水野祐

装丁　　　UMA/design farm（原田祐馬・山副佳祐）
編集　　　薮崎今日子（フィルムアート社）

発行者　　上原哲郎
発行所　　株式会社フィルムアート社
　　　　　〒150-0022
　　　　　東京都渋谷区恵比寿南1丁目20番6号 プレファス恵比寿南
　　　　　TEL 03-5725-2001
　　　　　FAX 03-5725-2626
　　　　　https://www.filmart.co.jp
印刷・製本　シナノ印刷株式会社